Gymnasium Bayern

Deutschbuch 8

Schulaufgabentrainer

Herausgegeben von
Wilhelm Matthiessen (München),
Bernd Schurf (Neuss) und
Wieland Zirbs (Passau)

Erarbeitet von
Winfried Kober (Prien am Chiemsee),
Angelika Mauersich (München),
Katrin Brennessel (Haar),
Mechthild Wand (Landsberg),
Manuela Weber (München) und
Stephan von Weinrich (Simbach am Inn)

Inhaltsverzeichnis

Inhaltsangaben schreiben ... 3

Den Inhalt eines Sachtextes zusammenfassen ... 3
Den Inhalt des Textes verstehen ... 3
Schreibplan: Die wesentlichen Informationen des Textes festhalten ... 7
Der Aufbau und die sprachliche Gestaltung einer Inhaltsangabe ... 8
Fit für die Schulaufgabe: Den Inhalt eines Sachtextes zusammenfassen ... 11

Den Inhalt eines literarischen Textes zusammenfassen ... 13
Den Inhalt des Textes verstehen ... 15
Schreibplan: Die wesentlichen Informationen des Textes festhalten ... 19
Der Aufbau und dic sprachliche Gestaltung einer Inhaltsangabe ... 20
Fit für die Schulaufgabe: Den Inhalt eines literarischen Textes zusammenfassen ... 24

Erörtern ... 27

Eine steigernde Erörterung schreiben ... 27
Eine Stoffsammlung erstellen ... 29
Den Stoff ordnen ... 30
Die Gliederung erstellen ... 31
Der Hauptteil der Erörterung: Die sprachliche Gestaltung der Argumentation ... 32
Einleitung und Schluss schreiben ... 34
Fit für die Schulaufgabe: Eine steigernde Erörterung schreiben ... 35

Eine Erörterung im Anschluss an einen Text schreiben ... 37
Die Textvorlage genau erschließen ... 37
Eine Stoffsammlung erstellen ... 40
Den Stoff ordnen und die Gliederung erstellen ... 41
Der Hauptteil der Erörterung: Die sprachliche Gestaltung der Argumentation ... 42
Einleitung und Schluss schreiben ... 44
Fit für die Schulaufgabe: Eine Erörterung im Anschluss an einen Text schreiben ... 45

Protokollieren ... 48

Unterrichtsprotokolle schreiben ... 48
Eine Mitschrift erstellen ... 49
Die äußere Form des Protokolls ... 53
Die sprachliche Gestaltung des Protokolls ... 54

Präsentieren und Referieren ... 56

Eine Präsentation oder ein Referat vorbereiten und halten ... 56
1. Schritt: Thema erfassen und Leitfragen formulieren ... 56
2. Schritt: Informationsmaterial zum Thema einholen ... 57
3. Schritt: Das Informationsmaterial auswerten ... 58
4. Schritt: Die Präsentation/das Referat gliedern ... 58
5. Schritt: Das Anschauungsmaterial auswählen ... 59
6. Schritt: Die Vortragskarten anfertigen ... 59
7. Schritt: Den Vortrag üben ... 59

Jahrgangsstufentest Deutsch ... 60

Einen Deutschtest schreiben ... 60
Was ist ein Deutschtest? ... 60
Text „Der Koch und der Kranich" ... 61
1. Teil (Kompetenzbereich I): Textzusammenfassung und Textverständnis ... 62
2. Teil (Kompetenzbereich II): Aufgaben zur Ausdrucksfähigkeit ... 66
3. Teil (Kompetenzbereich III): Aufgaben zur Rechtschreibung und Zeichensetzung ... 68
4. Teil (Kompetenzbereich IV): Aufgaben zur Grammatik ... 70

Inhaltsangaben schreiben

Den Inhalt eines Sachtextes zusammenfassen

Den Inhalt des Textes verstehen

Wenn du den Inhalt eines Sachtextes (z. B. einen Text aus einem Sachbuch, einer Zeitschrift oder einer Zeitung) zusammenfassen willst, musst du **die wesentlichen Informationen und den Gedankengang des Textes kurz und sachlich wiedergeben.**
In diesem Kapitel wiederholst du,
- wie du die zentralen Informationen und den Gedankengang eines Sachtextes erfassen kannst,
- wie du Schritt für Schritt die Inhaltsangabe schreibst und
- wie du deinen Aufsatz überarbeiten und verbessern kannst.

Ludwig van Beethoven (1770–1827)

„Bester Herr Graf, Sie sind ein Schaf!", schrieb er einst einem seiner Auftraggeber ins Stammbuch. Kein Komponist vor ihm hätte sich so etwas erlauben dürfen. Und wie kein anderer vor ihm verkörperte Ludwig van Beethoven den Typ des freien, autonomen Künstlers, womit er die Rolle des Komponisten grundlegend veränderte: Vor ihm führten die Komponisten, wie z. B. Haydn und Mozart, Auftragsarbeiten für die Fürstenhöfe und die Kirche aus und waren im Grunde auf die mehr zufällige, häufig wechselnde Gunst ihrer fürstlichen oder kirchlichen Dienstherren angewiesen. Beethoven gelang es, ohne feste Anstellung durch die Veröffentlichung und Aufführung seiner Werke finanziell unabhängig zu sein.
Ludwig van Beethoven war der Sohn einer Musikerfamilie, deren Vorfahren aus Flandern, dem heutigen Belgien, kamen. Das niederländische „van" im Namen zeugt also nicht von adliger Herkunft, sondern ist eine Ortsbezeichnung.
Geboren 1770 in der kurfürstlichen Residenzstadt Bonn, erlebte Beethoven eine Kindheit, die geprägt war von einem ärmlichen und trostlosen Familienalltag mit einem dem Alkohol ergebenen Musikervater, der den Siebenjährigen zum Wunderknaben am Klavier „abrichten" wollte. In Wien trat Beethoven 1795 erstmals öffentlich auf und genoss als Pianist und Improvisator, Lehrer und Komponist bald hohes Ansehen. Der Sommer 1802 war mit der tiefsten Erschütterung seines Lebens verbunden: der Einsicht in den allmählichen Verlust seines Hörvermögens, der gegen 1819 zur völligen Taubheit führte und Beethoven zunehmend vereinsamen ließ.

1 a) Lies dir den obigen Sachtext genau durch.
b) Lies den Text ein zweites Mal und unterstreiche dabei die wichtigsten Informationen.
HINWEIS: Unterstreiche nicht zu viel, sondern wirklich nur das Allerwichtigste.

Inhaltsangaben schreiben

2 *Im Text kommen einige Fremdwörter und Fachbegriffe vor. Oft lassen sich diese aus dem Textzusammenhang (Kontext) erklären. Manchmal muss man die Bedeutung unbekannter Begriffe auch im Wörterbuch oder im Lexikon nachschlagen. Erkläre die Bedeutung der folgenden Wörter, indem du einen Begriff mit ähnlicher Bedeutung (Synonym) findest. Schlage gegebenenfalls im Wörterbuch oder im Lexikon nach.*

autonom (Z. 5) _____

Residenzstadt (Z. 19) _____

Improvisator (Z. 25) _____

3 *Entscheide bei jeder Aussage, ob sie richtig ist (r), falsch ist (f) oder auf Grund der vorliegenden Textinformationen nicht beantwortet werden kann (n).*

Beethoven war ein herausragender Pianist. _____

Von seinem Charakter her war er stets liebenswürdig und zuvorkommend. _____

Beethoven wuchs in armen Verhältnissen auf. _____

Als Beethoven seine bekanntesten Werke komponierte, war er bereits taub. _____

4 *Beantworte die folgenden Fragen:*
a) *Wodurch zeichnet sich Beethoven in seiner Rolle als Komponist besonders aus?*

_____
_____
_____
_____
_____
_____
_____

b) *Welchen Einfluss übt sein Vater auf ihn aus?*

_____
_____
_____
_____
_____
_____
_____

5 *Fasse nun den Inhalt des Textes knapp und sachlich in deinem Heft zusammen. Schreibe im Präsens (bei Vorzeitigkeit verwendest du das Perfekt).*

Den Inhalt eines Sachtextes zusammenfassen

Nur wenn du den Inhalt eines Textes genau verstanden hast, kannst du ihn auch zusammenfassen. Folgende Schritte helfen dir, den Inhalt eines Textes zu erfassen.
1. Schritt: Lies den Text genau durch. Kläre die Bedeutung unbekannter Begriffe (z. B. aus dem Textzusammenhang oder mit Hilfe eines Wörterbuchs).
2. Schritt: Lies den Text ein zweites Mal und unterstreiche dabei die wichtigsten Informationen.
3. Schritt: Stelle Fragen an den Text (Wer?, Wann?, Warum etc.).
4. Schritt: Gliedere den Text durch Absatzzeichen (⌐) in Sinnabschnitte und fasse die Kerninformationen eines jeden Abschnitts zusammen.

1 *Erarbeite dir ein genaues Verständnis des folgenden Textes. Gehe so vor:*
 a) *Lies den Text genau durch. Kläre dann Begriffe, die du nicht verstehst.*
 b) *Lies den Text ein zweites Mal.*
  □ *Markiere dabei die wichtigsten Informationen und gliedere den Text durch Absatzzeichen (⌐) in Sinnabschnitte.*
  □ *Notiere in der Randspalte Stichpunkte zum Inhalt eines jeden Abschnitts. So findest du dich beim Zusammenfassen leichter zurecht.*

Rainer Köthe: Im Reich der Töne

Tag und Nacht sind unsere Ohren im Einsatz. Ein ungewöhnliches Geräusch reißt uns selbst aus tiefem Schlaf. Dennoch denken wir nur selten über den Hörsinn und seine Leistungen nach. Wie aber sähe das menschliche Leben ohne ihn aus? Es wäre auf jeden Fall gefährlicher. Beim Überqueren einer Straße würden wir weder das Geräusch des herannahenden Autos hören noch sein warnendes Hupen. Niemand würde Hilferufe eines Ertrinkenden oder Verletzten bemerken. Eltern könnten das Weinen oder Schreien ihres Kindes nicht wahrnehmen. Und kein knackender Zweig, kein Rascheln im Gras hätte vor Jahrmillionen unsere frühen Vorfahren rechtzeitig vor einem anschleichenden Feind gewarnt. Ohne Hörsinn wäre unser Leben aber auch viel ärmer. Wir würden kein Lachen hören, kein Pfeifen, keine Freudenrufe. Auch die Stimmen der Natur wären für uns verstummt: das Rauschen und Plätschern von Wasser, das Singen der Vögel, das Zirpen der Grillen, das Krähen des Hahns oder das Miauen der Katze. Wir müssten auf die angenehmen Gefühle verzichten, die uns Musik vermittelt. Und noch wichtiger: Es gäbe keine gesprochene Sprache. Wir hätten ein ganz anderes Mittel entwickeln müssen, um unseren Mitmenschen eigene Erlebnisse, Erkenntnisse und Erfahrungen mitzuteilen. Gleiches gilt für die Schrift, denn sie ist letztlich nur dauerhaft festgehaltene Sprache. Man muss sich nur für einen Moment vorstellen, der Hörsinn wäre ausgefallen – was kann man dann alles nicht mehr tun? Bei starken Erkältungen zum Beispiel kann auch das Hören beeinträchtigt sein. Wer es einmal erlebt hat, kennt das damit verbundene Gefühl nur zu gut – zum Glück hält es meist nur wenige Tage an. So störend der Lärm auch ist, dem wir alltäglich ausgesetzt sind – eine Welt ganz ohne Töne wäre noch viel schlimmer. Gegenstände, die Töne oder Geräusche, also Schall, erzeugen, haben alle eines gemeinsam: In oder an ihnen schwingt etwas. Beim Berühren mit den Fingerspitzen ist dieses Schwingen oft deutlich zu spüren – etwa an der Gitarrensaite, am gezupften Gummiband, an der Lautsprecherbox, beim Klopfen auf eine Trommel oder eine Tür und sogar an der eigenen Kehle beim Sprechen oder Summen. Umgekehrt lassen sich auch sonst eher lautlose Gegenstände in Schallquellen verwandeln, wenn man sie zum Schwingen bringt. Hält man zum Beispiel ein Plastiklineal mit einem Ende auf dem Tisch fest und zupft am überstehenden Ende, sodass es schwingt, er-

Inhaltsangaben schreiben

zeugt es einen Ton. Und je kürzer das freie Ende ist, desto rascher schwingt das Lineal. Wir empfinden dann den Ton als höher. Schwingt das Lineal dagegen langsamer, hören wir einen tieferen Ton. Beim Zupfen am Gummiband kann man das Gleiche beobachten: Schwingungen erzeugen Schall. Und je rascher die Schwingung ist, desto höher klingt der Ton. Die Tonhöhe steigt mit der Anzahl der Schwingungen pro Sekunde. Natürlich vibrieren nicht alle Gegenstände so schön gleichmäßig wie eine Saite. Die Bruchteile eines auf dem Boden zersplitternden Glases schwingen ebenfalls, aber in ganz unterschiedlicher, völlig ungeordneter Weise – ähnlich wie zum Beispiel laufende Motoren, Wasserfälle oder zuknallende Türen. Deshalb erzeugen all diese Schallquellen keinen reinen Ton, sondern nur ein Geräusch – eine wirre Mischung aus ganz verschiedenen Tönen unterschiedlicher Lautstärken und Tonhöhen. Dass es unsere Ohren sind, mit denen wir hören, ist klar – schon ein kleines Kind merkt, dass man viel schlechter hört, wenn man sich die Ohren zuhält. Doch wie kommt eigentlich Schall von irgendeiner – vielleicht weit entfernten – Schallquelle in unser Ohr? Hat womöglich die uns alle umgebende Luft etwas damit zu tun? Das wollte um 1760 der englische Naturforscher Robert Boyle genau wissen. Er befestigte in einem Glasgefäß eine kleine Glocke, die man von außen über einen Hebel anschlagen konnte. Dann pumpte er die Luft aus dem Gefäß heraus. Tatsächlich wurde der Glockenton während des Pumpens immer leiser und verstummte schließlich ganz, obwohl man durch das Glas hindurch sehen konnte, dass die Glocke angeschlagen wurde. Je mehr Luft er anschließend wieder ins Gefäß ließ, desto lauter wurde auch der Glockenton. Es ist also meist die Luft, die den Schall zum Ohr trägt. Wie jeder Taucher weiß, kann aber auch Wasser den Schall leiten, eine Eigenschaft, die es etwa Walen oder Delfinen ermöglicht, sich unter Wasser zu verständigen. Die gute Schallleitung fester Stoffe nutzten früher zum Beispiel Indianer, wenn sie ihr Ohr auf die Schiene pressten, um einen noch kilometerweit entfernten Zug zu hören. Der Schall erfordert also ein Medium (z. B. Luft, Wasser, Metall, Holz etc.), das die Schallschwingungen übertragen kann. Normalerweise hören wir Schall, der durch die Luft übertragen wird. Der Schall pflanzt sich in der Luft auf ähnliche Weise fort, wie sich Kreise auf einer Wasseroberfläche ausbilden, wenn man einen Stein hineinwirft. Ohne die Übertragung des Schalls durch die Luft könnten wir kein Wort, keine Musik und kein Geräusch hören.

Aus: Rainer Köthe: Akustik. Tessloff Verlag, S. 4–7

Den Inhalt eines Sachtextes zusammenfassen

Schreibplan: Die wesentlichen Informationen des Textes festhalten

2 *Erstelle für deine Inhaltsangabe zum Text „Im Reich der Töne" (▷ S. 5–6) einen Schreibplan. Fasse dazu den Inhalt jedes Sinnabschnittes zusammen und ergänze dann den folgenden Schreibplan. Nutze hierzu auch deine Textmarkierungen und Randnotizen. Verwende auch hier schon das Präsens (bei Vorzeitigkeit das Perfekt).*

Schreibplan

1. Abschnitt (Z. 1–26): **Ein Leben ohne Hörsinn**

– Gefahren könnten nicht mehr erkannt werden; die Lebensqualität würde gemindert werden; es gäbe keine gesprochene Sprache und keine Schrift → eine Welt ohne Töne ist kaum vorstellbar

Inhaltsangaben schreiben

Der Aufbau und die sprachliche Gestaltung einer Inhaltsangabe

> Die Inhaltsangabe eines Textes gliedert man in zwei Teile:
> - Die **Einleitung** informiert über den Autor, den Titel, die Textsorte, ggf. die Quelle (Fundstelle, wo der Text erschienen ist) und benennt das Thema bzw. die Kernaussage des Textes.
> - Im **Hauptteil** werden der Inhalt und der Gedankengang des Textes in eigenen Worten knapp zusammengefasst.

Folgender Arbeitsauftrag wurde in einer Schulaufgabe gestellt:
Erstelle eine Inhaltsangabe zum Text „Im Reich der Töne" (▷ S. 5–6). Mache dabei im Einleitungssatz die Kernaussage des Textes deutlich.

3 *Überlege, welche der folgenden Formulierungen die Kernaussage des Textes am besten trifft. Kreuze den entsprechenden Satz an.*

☐ In dem Text werden verschiedene Grundlagen und Versuche erklärt, damit man die Welt des Schalls besser versteht.

☐ In dem Text geht es darum, warum und wie der Mensch etwas hört.

☐ Der Text macht die Bedeutung des Hörens für den Menschen deutlich und erklärt, wie Schall entsteht und an unser Ohr übermittelt wird.

☐ In dem Text wird erklärt, wie der Schall zu unserem Ohr übertragen wird.

☐ In dem Text wird dargestellt, wie gefährlich und traurig es wäre, wenn man nichts mehr hören könnte.

4 *Trage alle Informationen, die du für deine Einleitung brauchst, in die folgende Karteikarte ein.*

Autor(en): _____

Titel des Textes: _____

Textsorte: _____

Quelle/entnommen aus: _____

Thema/Kernaussage des Textes: _____

_____

_____

_____

Den Inhalt eines Sachtextes zusammenfassen

Bei deiner Textzusammenfassung kommt es darauf an, den Inhalt des Textes so wiederzugeben, dass die **Zusammenhänge** (Ursache und Wirkung, zeitliche Zusammenhänge etc.) deutlich werden. Achte also auf **passende Satzverknüpfungen**.

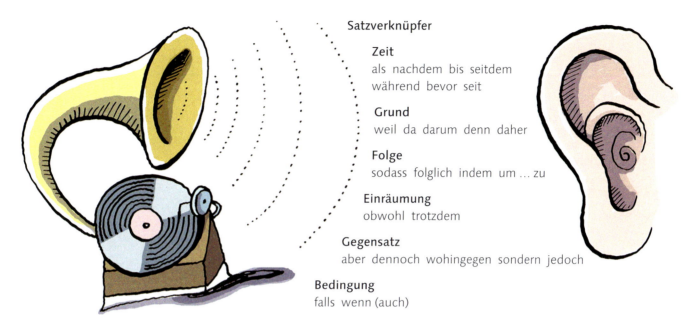

Satzverknüpfer

Zeit
als nachdem bis seitdem während bevor seit

Grund
weil da darum denn daher

Folge
sodass folglich indem um ... zu

Einräumung
obwohl trotzdem

Gegensatz
aber dennoch wohingegen sondern jedoch

Bedingung
falls wenn (auch)

5 *Die folgenden Sätze beziehen sich auf den Text „Im Reich der Töne" (▷ S. 5–6). Verknüpfe die Sätze so miteinander, dass die Zusammenhänge deutlich werden. Die obigen Satzverknüpfer helfen dir dabei.*

■ Zu viel Lärm kann als sehr unangenehm empfunden werden. Eine Welt ohne Töne wäre sicher noch verstörender.

■ Robert Boyle wollte die Ausbreitung der Schallwellen untersuchen. Er unternahm ein Experiment.

■ Bei einem Geräusch gibt es unterschiedliche Schallquellen. Wir nehmen hier keinen einzelnen Ton wahr. Wir hören eine wirre Mischung aus verschiedenen Tönen.

■ Auch andere Stoffe wie Metall, Holz oder Wasser können Schall leiten. Wale und Delfine können sich zum Beispiel unter Wasser verständigen.

Inhaltsangaben schreiben

6 *Der folgende Auszug aus einer Inhaltsangabe ist noch fehlerhaft. Überprüfe mit Hilfe des unten stehenden Tippkastens diese Textzusammenfassung. Markiere Textstellen, die du überarbeiten würdest, und notiere in der Randspalte was genau fehlerhaft ist.*

VORSICHT FEHLER!

Tag und Nacht sind unsere Ohren im Einsatz – wie die Polizei. Könnten wir überhaupt leben, ohne zu hören? Das Leben wäre jedenfalls risikoreicher, denn unsere Ohren warnen uns vor vielen Gefahren im Alltag. Außerdem würde das Leben ohne Gehör keinen Spaß machen. Viele schöne Dinge oder Gefühle hätten wir nicht mehr. Und man könnte auch mit niemandem reden oder etwas schreiben. Dies kann jeder nachvollziehen, der beispielsweise bei einer Erkältung eine Beeinträchtigung des Hörvermögens hat. Im Folgenden werden die Entstehung und die Übermittlung des Schalls erklärt. Gegenstände erzeugen Schall. Sie schwingen dann. Das kann man manchmal spüren. Zum Beispiel bei einer Trommel oder an der eigenen Kehle. Je schneller etwas schwingt, desto höher ist der Ton. Das kann man mit einem Lineal ausprobieren. Auch an einem Gummiband sieht man das. Man kann zwischen Tönen und Geräuschen unterscheiden. Bei einem Ton sind die Schwingungen schön gleichmäßig. Bei einem Geräusch geht alles hässlich durcheinander. Eine Saite macht einen Ton, ein Motor macht ein Geräusch.

Mit den Ohren nehmen wir den Schall wahr. Die Schallwellen werden von der Schallquelle zum Ohr normalerweise durch die Luft übertragen. Dies beweist ein Experiment. Jedoch kann Schall nicht nur durch die Luft, sondern auch durch andere Stoffe wie Holz, Wasser oder Metall übertragen werden. Auf alle Fälle braucht der Schall ein Medium, das die Schallschwingungen überträgt. Das kannst du ausprobieren, wenn du wie ein Indianer dein Ohr auf eine Schiene legst.

7 a) *Schreibe nun eine eigene Inhaltsangabe zum Text „Im Reich der Töne" (▷ S. 5–6). Berücksichtige hierbei die Gliederung in Einleitung und Hauptteil und die Regeln zur Textzusammenfassung (▷ Umschlagklappe). Schreibe in dein Heft.*
b) *Überarbeite deine Inhaltsangabe mit Hilfe der Checkliste auf Seite 12.*

TIPP

Fehler vermeiden bei der Inhaltsangabe
- ☐ **nicht bei der Sprache des Originaltextes** bleiben, sondern in eigenen Worten formulieren
- ☐ **keine unnötigen Details** aus dem Text wiedergeben; Beispiele, die im Text genannt werden, kürzen oder verallgemeinern
- ☐ **nicht so stark kürzen,** dass die Zusammenhänge verloren gehen (so knapp wie möglich, aber so ausführlich wie nötig)
- ☐ im **Sachstil** schreiben (keine Umgangssprache oder persönlichen Kommentare)
- ☐ in **vollständigen Sätzen** schreiben, auf **Abwechslung im Satzbau** achten
- ☐ **aussagekräftige Satzverbindungen** verwenden, die Zusammenhänge deutlich machen
- ☐ nicht in der Ich-Form schreiben, den Leser nicht direkt ansprechen

Fit für die Schulaufgabe: Den Inhalt eines Sachtextes zusammenfassen

Folgender Arbeitsauftrag wurde in einer Schulaufgabe gestellt:
Fasse den Inhalt des Textes „Das absolute Gehör ist gewöhnlicher als gedacht" (▷ S. 11–12) zusammen.
Mache dabei im Einleitungssatz die Kernaussage des Textes deutlich.

Das absolute Gehör ist gewöhnlicher als gedacht

von Ulrich Dewald

Wenn Diana Deutsch einen Ton auf einem Klavier hört, weiß sie sofort, ob ein C, ein Cis oder ein F erklingt. Es ist für sie nicht ungewöhnlicher, als das Rot einer Blume oder das Blau eines Pullovers zu erkennen. So selbstverständlich, dass sie sich über die 99,99 Prozent der Bevölkerung wundert, die nicht bei jedem Ton gleich an die entsprechende Note denken. Die Psychologin an der Universität in San Diego hat ein absolutes Gehör. Und sie hat diese erstaunliche Fähigkeit zu ihrem Forschungsgebiet gemacht.

Nur einer von zehntausend hat ein Tonhöhengedächtnis, wie Forscher es nennen. Doch nicht nur deshalb stehen Menschen mit dieser Fähigkeit immer ein wenig im Ruf der Genialität, sondern auch der illustren Gesellschaft wegen, in der sie sich befinden: Wolfgang Amadeus Mozart zeigte diese Begabung schon als Siebenjähriger. Auch andere Komponisten wie Beethoven, Bach, Händel und Chopin oder begnadete Solisten und Dirigenten wie Solti, Menuhin und Rubenstein hörten absolut. Da liegt der Schluss nahe, das absolute Gehör sei eine ebenso außergewöhnliche wie mysteriöse Fertigkeit.

Doch diesem Klischee haben Diana Deutsch und eine Reihe anderer Wissenschaftler in den vergangenen Jahren einige Kratzer verpasst. Immer mehr Forschungsarbeiten weisen darauf hin, dass die Fähigkeit, sich Tonhöhen exakt zu merken, eigentlich gar nicht so ungewöhnlich ist – im Gegenteil. Möglicherweise kann es fast jedes Kleinkind: Die Psychologin Jenny Saffran von der Universität in Madison (USA) spielte acht Monate alten Babys lange Folgen glockenähnlicher Töne vor und konnte anhand eines Tests zeigen, dass sie in der Lage waren, die absolute Höhe von Tönen im Gedächtnis zu behalten.

Ein Tonhöhengedächtnis könnte eine wichtige Rolle in den ersten Lebensmonaten spielen, wenn im Gehirn die Grundlagen für das Erkennen von Worten und das Sprechen gelegt werden, vermutet Deutsch. Mit der Weiterentwicklung des Sprechvermögens geht dann aber das absolute Gehör bei den meisten Menschen offenbar zum größten Teil wieder verloren. Statt des absoluten Gehörs besitzen sie daher das so genannte relative Gehör, das nur die Relation der Töne zueinander und nicht ihre absolute Höhe berücksichtigt. Im Alltag ist das nützlicher. So kommt es etwa bei gesprochener Sprache nicht darauf an, wie hoch jemand spricht – ob mit einem Männerbass oder einem Frauensopran. Wichtig sind die Änderungen der Tonhöhe. Wahrscheinlich geht deshalb bei den meisten Menschen das absolute Gehör verloren.

Diana Deutsch vermutet nun, dass bei den Menschen mit absolutem Gehör im musikalischen Sinn die Phase des absoluten Hörens bis in ein Alter andauerte, in dem sie bereits Musikunterricht genommen hatten. Nur

Inhaltsangaben schreiben

dann konnten sie auch lernen, die gespeicherten Tonhöhen mit Notenwerten zu benennen.

Bestätigt wird diese Annahme durch eine Studie von Wissenschaftlern der Universität San Francisco, die 600 Musiker nach ihrem Werdegang befragten. Vierzig Prozent aller Musiker, die bereits mit vier Jahren mit der musikalischen Ausbildung begonnen hatten, hörten absolut. Hatten sie dagegen erst mit neun Jahren mit dem Musizieren begonnen, waren es nur noch drei Prozent. Diese Zahlen verdeutlichen zudem, dass es so gut wie unmöglich ist, sich als Erwachsener noch ein absolutes Gehör anzutrainieren.

Ein weiterer Faktor für den Erhalt des absoluten Gehörs ist die Beschaffenheit der Muttersprache. Darauf deuten Versuche hin, die Deutsch und ihre Kollegen mit Menschen gemacht haben, die so genannte Tonsprachen sprechen. Das sind – im Unterschied z. B. zum Deutschen, Englischen oder Französischen – viele asiatische Sprachen, bei denen die Tonhöhe selbst, in der ein Wort ausgesprochen wird, über dessen Bedeutung entscheidet. In dem chinesischen Standarddialekt Mandarin beispielsweise kann das Wort „ma" je nach Tonhöhe vier verschiedene Bedeutungen haben: „Mutter", „Pferd", „Hanf" und „schimpfen".

Die Psychologen machten Sprachaufnahmen von 15 Mandarin sprechenden Versuchspersonen und stellten fest, dass diese ihren Wortschatz ebenfalls in absoluten Tonhöhen gespeichert hatten. Auch sie hörten absolut, auch wenn sie die Tonhöhen nicht benennen konnten wie ein Musiker. Da diese Fähigkeit für den Gebrauch ihrer Sprache nützlich war, ist sie ihnen über ihre Kindheitsjahre hinaus erhalten geblieben. Tonsprachen sorgen also dafür, dass sich die Fähigkeit zur Tonhöheneinschätzung im Kindesalter nicht verliert.

Deutsch und ihre Kollegen nehmen daher an, dass Musiker mit einer solchen Tonsprache als Muttersprache überdurchschnittlich häufig ein absolutes Gehör im musikalischen Sinne besitzen. Eine Studie mit Musikstudenten aus China soll diese Vermutung nun bestätigen.

Aus: www.wissenschaft.de (Wissenschaftsmagazin im Internet)

1 *Erarbeite dir ein genaues Verständnis des Textes:*
- ☐ *Lies den Text genau durch. Kläre dann Begriffe, die du nicht verstehst.*
- ☐ *Lies den Text ein zweites Mal. Markiere hierbei wichtige Informationen und gliedere den Text durch Absatzzeichen (⌐) in Sinnabschnitte.*

2 *Notiere die Informationen, die für die Einleitung deiner Inhaltsangabe wichtig sind. Schreibe in dein Heft und berücksichtige folgende Elemente:*
- ☐ *Autor*
- ☐ *Titel des Textes*
- ☐ *Textsorte*
- ☐ *Quelle (Fundstelle, wo der Text erschienen ist)*
- ☐ *Thema/Kernaussage des Textes*

3 *Erstelle einen Schreibplan für deine Inhaltsangabe, indem du die Sinnabschnitte des Textes in Stichpunkten zusammenfasst. Gehe wie im Muster auf Seite 7 vor. Schreibe in dein Heft und verwende auch hier schon das Präsens (bei Vorzeitigkeit das Perfekt).*

TIPP
Schreibe knapp und sachlich. Löse dich von der Textvorlage und gib den Text in deinen eigenen Worten wieder.

4 *Verfasse mit Hilfe deines Schreibplans eine Inhaltsangabe. Schreibe in dein Heft. Das Merkwissen zur Inhaltsangabe im Umschlag hilft dir dabei.*

5 *Überarbeite deine Inhaltsangabe noch einmal. Nimm dazu die folgende Checkliste zu Hilfe:*

✓ Checkliste: Den Inhalt eines Sachtextes zusammenfassen

- ☐ Ist deine **Einleitung vollständig** (Autor, Titel, Textart, Quelle, Thema/Kernaussage des Textes)?
- ☐ Hast du **nur das Wesentliche** wiedergegeben? Gibt es Einzelheiten, die du weglassen könntest?
- ☐ Hast du den Inhalt des Textes **mit eigenen Worten** wiedergegeben?
- ☐ Ist die Zusammenfassung **sachlich formuliert** und enthält keine Umgangssprache?
- ☐ Werden **Zusammenhänge** (Ursache und Wirkung, zeitliche Zusammenhänge etc.) durch treffende Satzverknüpfungen und Satzanfänge benannt?
- ☐ Wird als Tempus das **Präsens,** bei Vorzeitigkeit das Perfekt verwendet?
- ☐ Hast du die **wörtliche Rede** (falls in der Textvorlage vorhanden) **vermieden** und wichtige Aussagen in der indirekten Rede oder in einem Aussagesatz wiedergegeben?

Den Inhalt eines literarischen Textes zusammenfassen

Den Inhalt des Textes verstehen

> Wenn du den Inhalt eines literarischen Textes (z. B. eine Erzählung, einen Ausschnitt aus einem Jugendbuch oder aus einem Roman) zusammenfassen willst, musst du den Handlungsverlauf mit eigenen Worten kurz und sachlich wiedergeben. In diesem Kapitel wiederholst du,
> ☐ wie du die wichtigsten Ereignisse und Handlungszusammenhänge aus dem Text erschließt,
> ☐ wie du Schritt für Schritt deine Inhaltsangabe schreibst und
> ☐ wie du deinen Aufsatz überarbeiten kannst.

1 a) Lies den folgenden Textausschnitt aufmerksam durch. Unterschlängele hierbei Wörter und Textstellen, die du nicht verstehst, und notiere ein Fragezeichen in der Randspalte.
b) Kläre die Bedeutung der unbekannten Wörter und Textstellen aus dem Textzusammenhang oder nimm ein Wörterbuch zu Hilfe. Notiere dann die Erklärung in der Randspalte.

Thomas Mann
Buddenbrooks

Es ward still in der Klasse und alles stand einmütig auf, als Oberlehrer Doktor Mantelsack eintrat. Er war der Ordinarius[1] und es war Sitte, vor dem Ordinarius Respekt zu haben. [...]
Abermals stieg ein Widerwille, eine Art von Brechreiz in Hanno Buddenbrook auf
5 und schnürte ihm die Kehle zusammen. Gleichzeitig aber beobachtete er mit entsetzlicher Klarheit, was vor sich ging. Doktor Mantelsack malte heftig ein Zeichen von böser Bedeutung hinter Mummes Namen[2] und sah sich dann mit finsteren Brauen in seinem Notizbuch um. Aus Zorn ging er zur Tagesordnung über, sah nach, wer eigentlich an der Reihe war, es war klar! Und als Hanno von dieser Erkenntnis gerade gänz-
10 lich überwältigt war, hörte er auch schon seinen Namen, hörte ihn wie in einem bösen Traum.
„Buddenbrook!" – Doktor Mantelsack hatte „Buddenbrook" gesagt, der Schall war noch in der Luft und dennoch glaubte Hanno nicht daran. Ein Sausen war in seinen Ohren entstanden. Er blieb sitzen.
15 „*Herr* Buddenbrook!", sagte Doktor Mantelsack und starrte ihn mit seinen saphirblauen, hervorquellenden Augen an, die hinter scharfen Brillengläsern glänzten ... „Wollen Sie die Güte haben?"
Gut, also es sollte so sein. So hatte es kommen müssen. Ganz anders, als er sich gedacht hatte, aber nun war dennoch alles verloren. Er war nun gefasst. Ob es wohl ein
20 sehr großes Gebrüll geben würde?

1 **Ordinarius:** (veraltet) Klassenlehrer an einer Schule
2 **Mumme:** ein Mitschüler von Hanno Buddenbrook

2 Erkläre die Bedeutung der folgenden Wörter und Textstellen:

einmütig (Z. 1):	
schnürte ihm die Kehle zusammen (Z. 5):	
saphirblauen (Z. 15–16):	
Wollen Sie die Güte haben? (Z. 16–17):	

Inhaltsangaben schreiben

3 *Lies den Text auf Seite 13 noch einmal und markiere Textstellen, die über das **Thema,** die **Personen** und die **Stimmung in der Klasse** Auskunft geben.*

4 *Überprüfe, ob du den Text auf Seite 13 vollständig verstanden hast. Bearbeite dazu den folgenden Fragebogen, indem du die zutreffenden Aussagen ankreuzt.*

A Worum geht es in dem Text?

☐ Tätigkeit eines Lehrers

☐ negatives Schulerlebnis

☐ positives Schulerlebnis

☐ Schule früher

B Welche Atmosphäre (Stimmung) wird im Text geschildert?

☐ ausgelassen

☐ freudig

☐ gleichgültig

☐ melancholisch

☐ traurig

☐ beklemmend

C Kreuze an, wie du die einzelnen Personen charakterisieren würdest. Setze jeweils zwei Kreuze.

Schüler Hanno Buddenbrook

☐ selbstbewusst   ☐ unsicher

☐ fröhlich   ☐ resigniert

Lehrer Doktor Mantelsack

☐ streng, autoritär   ☐ gutmütig

☐ verständnisvoll   ☐ feindselig

D Aus welcher Erzählperspektive wird das Geschehen erzählt?

☐ allwissender (auktorialer) Erzähler

☐ Erzähler, der aus der Sicht einer Person erzählt (personaler Erzähler)

☐ sachlich berichtender (neutraler) Erzähler

E Wie stellt der Erzähler das Geschehen dar?

☐ kritisch   ☐ humorvoll

☐ einfühlsam   ☐ sachlich-nüchtern

5 *a) Überprüfe deinen Fragebogen mit Hilfe des Lösungsteils (▷ Lösungsheft Seite 6).*
  b) Wenn du mehr als zwei Fragen falsch beantwortet hast, solltest du den Text auf Seite 13 noch einmal genau durchlesen und versuchen, die korrekten Aussagen des Fragebogens anhand des Textes nachzuvollziehen.

Den Inhalt eines literarischen Textes zusammenfassen

> Um den Inhalt eines Textes zusammenzufassen, musst du ihn mehrmals genau lesen. Achte beim Lesen darauf, die Handlung, aber auch die Hintergründe der Handlung und die Aussageabsicht des Textes zu erfassen. Folgende Schritte helfen dir, den Inhalt eines Textes genau zu erfassen:
> **1. Schritt:** Lies den Text genau durch, markiere Wörter und Textstellen, die du nicht verstehst, z. B. mit einem Fragezeichen am Rand.
> **2. Schritt:** Kläre die Bedeutung der unbekannten Wörter und Textstellen, z. B. aus dem Textzusammenhang.
> **3. Schritt:** Lies den Text ein zweites Mal und markiere dabei wichtige Textstellen, die Informationen zur Handlung, zu den Personen, zur Atmosphäre (Stimmung) etc. enthalten, und notiere Stichpunkte zum Inhalt. Du kannst dich hierbei an den W-Fragen orientieren, z. B.:
> ☐ Wer sind die Hauptfiguren und was erfährt der Leser über sie?
> ☐ Wo und wann spielt die Handlung?
> ☐ Was passiert nacheinander und wie läuft das Geschehen ab?

1 Lies nun den folgenden Text und versuche, alles Wesentliche zu erfassen. Arbeite mit Markierungen im Text und notiere in der Randspalte Stichpunkte zum Inhalt. Gehe dabei wie im obigen Tippkasten vor.

Muriel Spark

Die Blütezeit der Miss Jean Brodie

Der folgende Text ist ein Ausschnitt aus einem Roman. Die Geschichte spielt um 1930 an einer englischen Mädchenschule und beschreibt die eigenwillige Lehrerin Miss Brodie.

Vor sechs Jahren hatte Miss Brodie ihre neue Klasse in den Garten geführt, um unter der großen Ulme[1] eine Geschichtsstunde abzuhalten. Auf dem Weg durch die Schulkorridore kamen sie an dem Arbeitszimmer der Direktorin vorbei. Die Tür stand weit offen, der Raum war leer.
5 „Kommt her, Kinder", sagte Miss Brodie, „und seht euch dies an."
Sie drängten sich um die offene Tür und Miss Brodie deutete auf ein großes Plakat, das mit Reißnägeln an die gegenüberliegende Wand des Zimmers geheftet war. Es zeigte groß das Gesicht eines Mannes und darunter standen die Worte „Sicherheit geht vor".
10 „Das ist Stanley Baldwin, der bei der letzten Wahl Premierminister wurde und schon nach kurzer Zeit wieder zurücktreten musste", sagte Miss Brodie. „Miss Mackay lässt ihn an der Wand hängen, weil sie an das Schlagwort ‚Sicherheit geht vor' glaubt. Aber Sicherheit geht nicht vor. Güte, Wahrheit und Schönheit sind wichtiger. Folgt mir."
15 Für die Mädchen war dies die erste Andeutung eines gespannten Verhältnisses zwischen Miss Brodie und der übrigen Lehrerschaft. Einige von ihnen erkannten in der Tat zum ersten Mal, dass Erwachsene, die in verantwortungsvoller Stellung zusammengekittet waren, überhaupt Meinungsverschiedenheiten haben konnten. Mit dem erregenden Gefühl, Zaun-
20 gäste eines keimenden Streites zu sein, ohne dabei selbst einer Gefahr ausgesetzt zu werden, nahmen sie diese Eindrücke fest in sich auf – und folgten der gefährlichen Miss Brodie in den sicheren Schatten der Ulme. Sooft es das Wetter in jenem sonnigen Herbst erlaubte, erhielten die kleinen Mädchen ihren Unterricht auf drei um die Ulme gruppierten Bänken.
25 „Haltet eure Bücher hoch", sagte Miss Brodie damals recht oft, „nehmt sie aufgeschlagen in die Hand, falls ungebetene Gäste kommen. Sollten wir also Besuch erhalten, haben wir gerade Geschichtsunterricht ..., Literaturstunde ..., englische Grammatik."

1 **Ulme:** Laubbaum

Inhaltsangaben schreiben

Die kleinen Mädchen hielten ihre Bücher hoch, sahen aber nicht auf die
30 Seiten, sondern zu Miss Brodie hin.
„Inzwischen werde ich euch von meinen Sommerferien in Ägypten berichten ..., ich werde euch etwas über die Gesichts- und Handpflege erzählen ..., von dem Franzosen, den ich im Zug nach Biarritz traf ... und auch
von den italienischen Gemälden, die ich gesehen habe, muss ich euch
35 noch erzählen. Wer ist der größte italienische Maler?"
„Leonardo da Vinci[2], Miss Brodie."
„Das stimmt nicht. Die Antwort lautet: Giotto[3]; ich ziehe ihn allen anderen vor."
An manchen Tagen schien es Sandy, dass Miss Brodies Brust flach war,
40 ohne jede Wölbung und gerade wie ihr Rücken. An anderen Tagen war
ihre Brust füllig und auffällig büstenförmig, sodass Sandys winzige Äug-
lein etwas zu gucken hatten; an einem dieser Tage stand Miss Brodie sehr
aufrecht, wie Johanna von Orleans[4], an einem Klassenfenster und sah hinaus, während Sandy dasaß und sie beobachtete.
45 „Ich habe euch schon häufig erzählt", sagte sie gerade, „und die soeben
vergangenen Ferien haben mich endgültig davon überzeugt, dass ich die
Höhe meiner Lebenskraft erreicht habe. Oft trügt einen dieses Gefühl.
Ihr kleinen Mädchen, wenn ihr erwachsen sein werdet, müsst ihr stets
wachsam sein, dass ihr eure Blütezeit erkennt, wann auch immer in eu-
50 rem Leben sie beginnen mag. Dann müsst ihr sie voll ausschöpfen. Mary,
was hast du unter dem Tisch, was siehst du dir da an?"
Mary saß da wie ein Häufchen Unglück, zu dumm, sich etwas auszuden-
ken. Sie war zu einfältig, jemals eine Lüge auszusprechen; sie wusste
nicht, wie sie etwas vertuschen sollte.
55 „Einen Comic, Miss Brodie", sagte sie.
„Meinst du einen Komiker, einen Hanswurst?"
Alle kichterten.
„Einen Comicstrip[5]", sagte Mary.
„Einen Comicstrip, fürwahr! Wie alt bist du?"
60 „Zehn, Miss Brodie."
„Mit zehn Jahren bist du zu alt für Comicstrips. Gib mir das Heft."
Miss Brodie blickte auf die bunten Blätter. „*Tiger Tim*, fürwahr", sagte sie
und warf das Heft in den Papierkorb. Als sie merkte, wie alle Augen sich
darauf richteten, nahm sie es noch einmal heraus, zerriss es bis zur Un-
65 kenntlichkeit und warf es wieder hinein.
„Hört mir gut zu, Kinder. Die Blüte des Lebens ist die Zeit, für die man geboren wird. Jetzt, da meine Blütezeit begonnen hat – Sandy, deine Auf-
merksamkeit lässt zu wünschen übrig. Wovon habe ich gesprochen?"
„Über Ihre Blütezeit, Miss Brodie."
70 [...]
„Wenn uns jemand im Laufe der nächsten Stunde besuchen sollte", sagte
Miss Brodie, „denkt daran, dass wir in dieser Stunde englischen Gramma-
tikunterricht haben. Unterdessen will ich euch ein wenig aus meinem
Leben erzählen, als ich noch jünger war als heute, wenn auch sechs Jahre
75 älter als der Mann."
Sie lehnte sich gegen die Ulme. Es war einer der letzten Herbsttage und
die Blätter rieselten bereits in kleinen Schauern. Sie schwebten herab auf
die Kinder, die für den willkommenen Grund, sich bewegen und die Blätter von Haar und Schoß streifen zu dürfen, dankbar waren.
80 „Die Jahreszeit der Nebel und der Fruchtreife. Ich war zu Beginn des Krieges mit einem jungen Mann verlobt, doch er fiel auf dem Feld von Flan-

2 **Leonardo da Vinci:** italienischer Maler (15./16. Jahrhundert)
3 **Giotto di Bondone:** italienischer Maler (13./14. Jahrhundert)
4 **Johanna von Orleans:** Nationalheldin Frankreichs, die ihr Land im 15. Jahrhundert von den Engländern befreite
5 **Comicstrip:** veralteter Name für Comic

Den Inhalt eines literarischen Textes zusammenfassen

dern⁶", sagte Miss Brodie. „[...] Er fiel eine Woche, bevor der Waffenstillstand ausgerufen wurde. Er fiel wie ein Blatt im Herbst, obwohl er erst
zweiundzwanzig Jahre alt war. Wenn wir hineingehen, wollen wir uns
85 die Karte von Flandern ansehen und ich werde euch die Stelle zeigen, wo
mein Liebster sterben musste, bevor ihr geboren wurdet. Er war arm. Er
kam aus Ayrshire⁷, ein Landmann, aber ein kluger, hart an sich arbeitender und gebildeter Mensch. Als er mich bat, ihn zu heiraten, sagte er: „Wir
werden Wasser trinken und kurztreten müssen."
90 Das war Hughs ländliche Art auszudrücken, dass wir ein bescheidenes
Leben führen müssten. Wir werden Wasser trinken und kurztreten müssen. Was hat dieser Ausspruch zu bedeuten, Rose?"
„Dass Sie ein bescheidenes Leben führen müssten, Miss Brodie", antwortete Rose Stanley [...].
95 Die Geschichte von Miss Brodies Verlobten strebte ihrem Höhepunkt zu,
als man Miss Mackay, die Direktorin, über den Rasen herankommen sah.
Tränen hatten bereits aus Sandys kleinen Schweinsäuglein zu tropfen
begonnen und Sandys Tränen steckten ihre Freundin Jenny an [...]; Jenny
seufzte auf und suchte [...] nach ihrem Taschentuch. „Hugh wurde eine
100 Woche vor dem Waffenstillstand getötet", sagte Miss Brodie. „Bald darauf
fanden allgemeine Wahlen statt und die Leute riefen: ‚Hängt den Kaiser!'
Hugh war wie eine Blume des Waldes, wie er in seinem Grabe lag." Rose
Stanley hatte jetzt auch zu weinen begonnen. Sandy blickte mit nassen
Augen zur Seite und beobachtete, wie Miss Mackay, Kopf und Schultern
105 vorgereckt, über den Rasen herankam.
„Ich komme nur, um einmal nach euch zu sehen, und muss gleich wieder
weiter", sagte sie. „Warum weint ihr kleinen Mädchen denn?"
„Sie sind ergriffen von einer Geschichte, die ich ihnen erzählt habe",
sagte Miss Brodie. „Wir haben gerade Geschichtsunterricht." Während
110 sie sprach, fing sie mit geschickter Hand ein fallendes Blatt in der Luft.
„Wie kann man mit zehn Jahren über eine Geschichte weinen!", sagte
Miss Mackay zu den Mädchen, die sich unbeholfen von ihren Bänken er-
hoben hatten, noch ganz bestürzt über das Schicksal von Hugh, dem
Krieger. „Ich bin nur gekommen, um einmal nach euch zu sehen, und ich
115 muss gleich weiter. Also, Kinder, das neue Schuljahr hat begonnen. Ich
hoffe, ihr habt alle schöne Sommerferien verlebt, und ich bin gespannt
auf eure blendenden Aufsätze, in denen ihr sie schildert. Ihr solltet mit
zehn Jahren nicht mehr über Geschichten aus der Geschichte weinen.
Wirklich nicht!"
120 „Ihr habt gut daran getan", wandte sich Miss Brodie an die Klasse, als Miss
Mackay gegangen war, „nicht auf die euch gestellte Frage zu antworten.
Wenn man sich in Schwierigkeiten befindet, ist es besser, überhaupt
nichts zu sagen, weder schwarz noch weiß. Reden ist Silber, Schweigen
ist Gold. Mary, hörst du zu? Was habe ich gesagt?"
125 Mary MacGregor, schwerfällig und mit Nase, Mund und Augen wie ein
Schneemann – Mary, die später für ihre Einfältigkeit bekannt war und
dafür, dass man ihr jede Schuld in die Schuhe schieben konnte [...] –, antwortete aufs Geratewohl: „Gold."
„Und was, sagte ich, ist Gold?"
130 Mary ließ ihre Blicke Hilfe suchend in die Runde und nach oben schwei-
fen. Sandy wisperte: „Die fallenden Blätter."
„Die fallenden Blätter", sagte Mary.
„Offensichtlich hast du nicht aufgepasst", sagte Miss Brodie. „Wenn ihr
Mädchen mir nur zuhören wolltet, ich würde euch zur *crème de la crème*⁸
135 machen."

6 **Flandern:** Gebiet in Belgien, durch das im Ersten Weltkrieg die britisch/französisch-deutsche Front lief
7 **Ayrshire:** Grafschaft im Südwesten Schottlands
8 **crème de la crème** (frz.): das Beste, die Elite

17

Inhaltsangaben schreiben

2 a) *Notiere in der Randspalte des Textes (▷ S. 15–17)*
die Bedeutung der gelb markierten Textstellen.
b) *Begründe in der Randspalte, warum bei den einge-*
zogenen Linien ein neuer Handlungsabschnitt beginnt.

3 *Notiere, wer die Hauptpersonen der Geschichte sind, und*
beschreibe sie jeweils in einem kurzen Satz.

TIPP

An folgenden Merkmalen erkennst du häufig den
Beginn eines neuen Handlungsabschnitts:
- ☐ eine neue Handlung setzt ein,
- ☐ ein Gespräch beginnt oder endet,
- ☐ der Ort der Handlung wechselt,
- ☐ Figuren kommen hinzu oder entfernen sich,
- ☐ ein Zeitsprung wird gemacht.

Hinweis: Es können auch mehrere Merkmale den
Beginn eines neuen Abschnitts begründen.

HINWEIS: Im Mittelpunkt des Textes steht die Lehrerin Miss Brodie. Da in dem vorliegenden Text nicht viel Handlung beschrieben wird, muss sich die Inhaltsangabe auf ihre Person, ihr Verhalten und ihre Einstellung konzentrieren.

4 *Die Lehrerin Miss Brodie zeigt eine eigenwillige Auffassung von Erziehung, die der herkömmlichen Erziehungsauffassung*
ihrer Gegnerin, der Direktorin Miss Mackay, widerspricht. Notiere in der folgenden Tabelle,
- ☐ *was Miss Brodie ihren Schülerinnen beibringt,*
- ☐ *was sie von ihren Schülerinnen verlangt und*
- ☐ *in welchen Punkten sie eine andere Auffassung als die Direktorin Miss Mackay (rechte Spalte) vertritt.*

Miss Brodie eigenwillige Auffassung von Erziehung	**Miss Mackay** herkömmliche Auffassung von Erziehung, gegen die Miss Brodie verstößt
	Das Lehrbuch soll durchgearbeitet werden. Es gilt der Lehrplan (Geschichte, Literatur, Grammatik).
	Der Unterricht findet im Klassenzimmer statt.
	Sicherheit geht vor.
	Zehnjährige Mädchen weinen nicht über eine Geschichte.
	Nach den Sommerferien schreiben die Schülerinnen einen Aufsatz über ihre Ferien.

Den Inhalt eines literarischen Textes zusammenfassen

Schreibplan: Die wesentlichen Informationen des Textes festhalten

5 *Erstelle einen Schreibplan für deine Textzusammenfassung, indem du den Inhalt der einzelnen Handlungsabschnitte knapp zusammenfasst. Verwende das Präsens (bei Vorzeitigkeit das Perfekt).*
HINWEIS: Achte darauf, die Zusammenhänge und die Hintergründe der Handlung klar darzustellen.

Schreibplan

1. Handlungsabschnitt (Z. 1–22):
– Die Lehrerin Miss Brodie geht mit ihren Schülerinnen nach draußen, um in der Natur (unter einer Ulme) zu unterrichten.
– Sie weist die Schülerinnen auf ein Plakat im Büro der Direktorin hin, das zeigt, dass die Direktorin Sicherheit für sehr wichtig hält. ←→ Miss Brodie kritisiert die Direktorin, indem sie Güte, Wahrheit und Schönheit als wichtigere Werte nennt.

2. Handlungsabschnitt (Z. 23–38):
– Anstatt mit den Lehrbüchern nach dem Lehrplan zu arbeiten, erzählt Miss Brodie den Mädchen lieber aus ihrem Leben.
– Miss Brodie macht ihre Schülerinnen zu Komplizen, indem sie diese bittet, ihre Bücher aufzuschlagen und, falls die Direktorin Miss Mackay kommt, so zu tun, als ob sie gerade Geschichte, Literatur oder englische Grammatik unterrichten würde. Tatsächlich will sie aber über ihren Sommerurlaub in Ägypten berichten.

3. Handlungsabschnitt (Z. ____):

4. Handlungsabschnitt (Z. ____):

5. Handlungsabschnitt (Z. ____):

Inhaltsangaben schreiben

Der Aufbau und die sprachliche Gestaltung einer Inhaltsangabe

> Eine Inhaltsangabe gliedert man in zwei Teile:
> - Die **Einleitung** macht Angaben über den Autor/die Autorin, den Titel, die Textsorte (z. B. Erzählung, Kurzgeschichte, Ausschnitt aus einem Jugendbuch oder einem Roman etc.), Ort, Zeit und Personen der Handlung und benennt die Kernaussage des Textes.
> - Im **Hauptteil** werden der Inhalt und der Gedankengang des Textes mit eigenen Worten wiedergegeben.

6 *Halte alle Angaben für deine Einleitung fest. Nimm dir genügend Zeit, um die Kernaussage des Textes zu formulieren.*

Autorin und Titel: _____

Textsorte: _____

Ort und Zeit der Handlung: _____

Personen der Handlung: _____

Kernaussage des Textes: _____

7 *a) Lies dir die folgenden Einleitungen (A, B und C) durch und kreuze diejenige an, die du für besonders gelungen hälst.*
b) Begründe, warum die anderen beiden Einleitungen weniger gut sind.

Begründung: _____

A In dem Roman „Die Blütezeit der Miss Jean Brodie" stellt die Autorin Muriel Spark eine englische Mädchenschule der 1930er Jahre, eine Lehrerin und die Direktorin vor. Zuerst wird der Unterricht unter einem Baum beschrieben, dann ein Unterrichtsbesuch der Direktorin.

C In dem Ausschnitt aus dem Roman „Die Blütezeit der Miss Jean Brodie" stellt die Autorin Muriel Spark eine selbstbewusste Lehrerin in einer englischen Mädchenschule der 1930er Jahre vor, deren Unterrichtsmethoden nicht den Vorstellungen der Direktorin Miss Mackay entsprechen und die ihre Schülerinnen zu besonderen Menschen machen will.

B In dem Ausschnitt aus dem Roman „Die Blütezeit der Miss Jean Brodie" von Muriel Spark geht es um den Streit zweier englischer Lehrerinnen, Miss Brodie und der Direktorin Miss Mackay. Miss Brodie ist eine selbstbewusste Lehrerin, die einen außergewöhnlichen Unterricht praktiziert, der nicht den Vorstellungen der Direktorin entspricht.

Den Inhalt eines literarischen Textes zusammenfassen

> Eine Inhaltsangabe beschränkt sich auf das Wesentliche, ist knapp und sachlich formuliert und unterscheidet sich dadurch stark von der Textvorlage. Folgende Tipps helfen dir bei der Ausarbeitung:
> - Formuliere **in eigenen Worten** und übernehme möglichst keine Formulierungen aus dem Originaltext.
> - Gib **nur das Wesentliche** wieder, aber achte darauf, die Zusammenhänge der Handlung (Ursache, Wirkung, zeitliche Zusammenhänge etc.) so darzustellen, dass der Leser sie nachvollziehen kann.
> - Füge **notwendige Erklärungen** ein, wo der Text mit Andeutungen arbeitet und der Leser zwischen den Zeilen lesen muss.
> - Verwende das **Präsens,** bei Vorzeitigkeit das Perfekt.
> - Achte darauf, **keine wörtliche Rede** zu verwenden. Wenn Äußerungen von Figuren besonders wichtig sind, dann forme sie in die indirekte Rede oder in einen Aussagesatz um.

8 a) Lies den folgenden, fehlerhaften Ausschnitt aus einer Inhaltsangabe und markiere Textstellen, die du überarbeiten würdest, z. B.:
- *überflüssige Textpassagen,*
- *unsachliche oder unpräzise Formulierungen,*
- *notwendige Erklärungen fehlen,*
- *passende Satzverbindungen fehlen,*
- *Verwendung des falschen Tempus.*

Halte deine Überarbeitungsvorschläge in der Randspalte fest.

b) Überarbeite nun den Text so, dass du ihn für eine Inhaltsangabe verwenden kannst. Berücksichtige hierbei den oben stehenden Merkkasten. Schreibe in dein Heft.

HINWEIS: Die Ausdrücke „Blütezeit" und „Höhe ihrer Lebenskraft" lassen sich nur schwer in eigenen Worten wiedergeben. Deshalb sollte man diese Textpassagen in der indirekten Rede wiedergeben und notwendige Erklärungen für den Leser einfügen.

VORSICHT FEHLER!

Eines Tages bemerkte die Schülerin Sandy, dass Miss Brodie mit nach vorn gestreckter Brust am Fenster stand und wie Johanna von Orleans wirkt. Dabei erzählte die Lehrerin, dass sie die Höhe ihrer Lebenskraft, ihre „Blütezeit", erreicht habe, das heißt, dass sie sich aktiv und kraftvoll fühlt. Sie ermahnt ihre Schülerinnen, auch ihre „Blütezeit" auszunutzen, indem sie ihr Leben bewusst und selbstbestimmt leben und ihre Kräfte voll ausschöpfen. Sie macht ihren Schülerinnen ihre Werte und Vorstellungen sehr stark deutlich und will sie dazu bringen, sich ein Beispiel an ihr zu nehmen. Als Mary während des Unterrichts nicht aufmerksam ist, weil sie einen Comic von Tiger Tim unter der Bank liest, wird Miss Brodie böse. Obwohl alle Schülerinnen von dem Comic fasziniert sind, wirft Miss Brodie den Comic weg. Auch Sandy wird von der Lehrerin aufgefordert, aufmerksam zu sein.

Inhaltsangaben schreiben

In der Inhaltsangabe erscheint keine wörtliche Rede. Sind Äußerungen von Figuren besonders wichtig, so gibt man sie in der **indirekten Rede** wieder oder man paraphrasiert (umschreibt) die wörtliche Rede, d. h., man gibt sie mit eigenen Worten in einem Aussagesatz im Indikativ wieder.
Beispielsatz: „Ich war zu Beginn des Krieges mit einem jungen Mann verlobt, doch er fiel auf dem Feld von Flandern."
- □ **indirekte Rede im Konjunktiv:** Miss Brodie vertraut den Schülerinnen an, sie sei zu Beginn des Krieges mit einem jungen Mann verlobt gewesen, der jedoch in Flandern gefallen sei.
- □ **dass-Satz im Indikativ oder im Konjunktiv:** Miss Brodie vertraut den Schülerinnen an, dass sie zu Beginn des Krieges mit einem jungen Mann verlobt gewesen sei/ist, der jedoch in Flandern gefallen sei/ist.
- □ **Paraphrase (Umschreibung):** Miss Brodie ist zu Kriegsbeginn mit einem Mann verlobt gewesen, der dann in Flandern gefallen ist.

9 *Forme die folgenden Sätze aus dem Text „Die Blütezeit der Miss Jean Brodie" für deine Inhaltsangabe um. Nutze dazu auch die Möglichkeiten, die im obigen Merkkasten genannt werden. Formuliere in eigenen Worten und kürze unwichtige Aussagen. Achte darauf, die Vorzeitigkeit mit Hilfe des Perfekts auszudrücken.*

■ „Miss Mackay lässt ihn [den Premierminister] an der Wand hängen, weil sie an das Schlagwort ‚Sicherheit geht vor' glaubt. Aber Sicherheit geht nicht vor. Güte, Wahrheit und Schönheit sind wichtiger." (Z. 12–14)

_____

_____

_____

■ „Er war arm. Er kam aus Ayrshire, ein Landmann, aber ein kluger, hart an sich arbeitender und gebildeter Mensch. Als er mich bat, ihn zu heiraten, sagte er: ‚Wir werden Wasser trinken und kurztreten müssen.' Das war Hughs ländliche Art auszudrücken, dass wir ein bescheidenes Leben führen müssten. Wir werden Wasser trinken und kurztreten müssen." (Z. 86–89)

_____

_____

_____

_____

■ „Ihr habt gut daran getan", wandte sich Miss Brodie an die Klasse, als Miss Mackay gegangen war, „nicht auf die euch gestellte Frage zu antworten. Wenn man sich in Schwierigkeiten befindet, ist es besser, überhaupt nichts zu sagen, weder schwarz noch weiß. Reden ist Silber, Schweigen ist Gold. Mary, hörst du zu? Was habe ich gesagt?" (Z. 120–124)

_____

_____

_____

_____

_____

Den Inhalt eines literarischen Textes zusammenfassen

> Bei deiner Textzusammenfassung musst du den Inhalt des Textes so wiedergeben, dass der Leser auch die Hintergründe und Zusammenhänge der Handlung (Ursache, Wirkung, zeitliche Zusammenhänge etc.) versteht. Achte deshalb auf passende **Satzverknüpfungen** und treffende **Satzanfänge.**

10 *Verknüpfe die folgenden Sätze so, dass sich ein flüssiger Text ergibt, in dem die Zusammenhänge (Ursache, Wirkung, zeitliche Abfolge etc.) deutlich werden. Hierbei musst du die Sätze umformulieren, überflüssige Informationen weglassen, notwendige Erklärungen hinzufügen, Wiederholungen vermeiden etc. Schreibe in dein Heft.*
Die Wörter in dem nebenstehenden Wortspeicher helfen dir dabei.

- Die Direktorin Miss Mackay sucht die Klasse und Miss Brodie während einer Unterrichtsstunde unter der Ulme auf.
- Sie will die Schülerinnen im neuen Schuljahr persönlich begrüßen.
- Sie wundert sich, dass die Schülerinnen weinen.
- Miss Brodie gibt als Erklärung vor, eine ergreifende Erzählung aus dem Geschichtsunterricht habe die Mädchen berührt.
- Miss Mackay weist, ohne Verständnis zu zeigen, die Kinder zurecht, dass diese Reaktion ihrem Alter nicht angemessen sei.
- Sie fordert die Schülerinnen auf, ihre Ferienerlebnisse in Aufsätzen niederzuschreiben.
- Sie kündigt ihre Vorfreude auf die in den Aufsätzen geschilderten Ferienerlebnisse der Mädchen an.
- Miss Mackay geht weg.
- Miss Brodie lobt die Schülerinnen, den wahren Grund der Tränen verschwiegen zu haben. Ihnen und ihr selbst sind viele Probleme erspart geblieben.
- Miss Brodie betont, dass es in manchen Situationen das Beste sei, einfach zu schweigen.
- Miss Brodie überfordert manche Schülerinnen, zeigt jedoch großes Interesse an allen und möchte sie zu etwas Besonderem, einer Elite, erziehen.

Wortspeicher: nachdem, als, bevor, seit, bis, ehe, danach, anschließend, darauf, gleichzeitig, daraufhin, weil, da, doch, jedoch, aber, nur, oder, und, wenn, falls, sodass, dass, damit, obwohl, wenn ... auch, trotzdem, dennoch, demgegenüber, dementsprechend, folglich, also, wiederum, demzufolge, worüber, womit, wodurch, woraufhin, wo, wohingegen

11 a) *Fasse nun den Ausschnitt aus dem Roman „Die Blütezeit der Miss Jean Brodie" von Muriel Spark (▷ S. 15–17) zusammen. Berücksichtige hierbei die Gliederung in Einleitung und Hauptteil. Deine Ergebnisse von den Seiten 18–22 und die Regeln zur Inhaltsangabe (▷ Umschlagklappe) helfen dir dabei. Schreibe in dein Heft.*
b) *Überarbeite deine Inhaltsangabe mit Hilfe der Checkliste auf Seite 26.*

Inhaltsangaben schreiben

Fit für die Schulaufgabe: Den Inhalt eines literarischen Textes zusammenfassen

Folgender Arbeitsauftrag wurde in einer Schulaufgabe gestellt:
Erstelle zu dem folgenden Text eine Inhaltsangabe. Arbeite die wesentlichen Aussagen des Textes heraus und lasse überflüssige Elemente weg. Achte auf einen klaren, sachlichen sprachlichen Ausdruck und formuliere in eigenen Worten.

Erich Junge

Der Sieger

Vielleicht hatte er erwartet, als er uns jetzt herausfordernd der Reihe nach anblickte, dass wir über seine Niederlage in lauten Jubel ausbrechen würden? – Aber wir taten ihm den Gefallen nicht; wir hatten uns alle gut in der Gewalt, denn es war gefährlich, ihn zu reizen.
Wir mochten ihn nicht, diesen Kraftprotz, der, wenn er einmal den Mund aufmachte, was höchst selten geschah, von nichts anderem sprach als von seinen Kräften, vom Expanderziehen, Gewichtheben, Ringen und Boxen.
Diese Niederlage hatte er verdient und es gab wohl keinen unter uns, der sie ihm nicht von Herzen gönnte.
Es herrschte eine Art Spannung, die jeder spürte und die doch jeder zu ignorieren versuchte und von der man nicht wusste, wie sie sich lösen würde; aber es war klar, dass dies hier nur der Anfang war, dazu kannten wir ihn zu genau. Wir hatten vor allem etwas Angst um Bert, der so unbeschwert glücklich war, weil er den Fünfkampf gewonnen hatte und an nichts anderes mehr denken konnte. Erst als Dr. Brenner vom unteren Ende des Platzes heraufkam (er hatte sich von dem letzten, entscheidenden Wurf Berts persönlich überzeugt), wirkten alle ein bisschen gelöster.
„Großartig", sagte er, „Riedel, das haben Sie großartig gemacht", und er schüttelte Bert die Hand.
Und dann gingen wir alle hin und schüttelten ihm die Hand, klopften ihm auf die Schulter und sagten „prima" oder „fabelhaft hast du das hingekriegt, alter Junge", wie man das so sagt mit siebzehn, achtzehn.
„Dannwitz", sagte Dr. Brenner, „gehen Sie hin und gratulieren Sie ihm!"
Dannwitz blieb stehen und rührte sich nicht, den kräftigen, muskulösen Oberkörper nach vorn geneigt, mit unruhig hin- und herpendelnden Armen stand er da und rührte sich nicht, tat keinen Schritt und als Bert von sich aus auf ihn zuging, drehte er sich um, zeigte sein breites Kreuz und zog sich umständlich die Trainingsjacke über den Kopf.
Vielleicht hatte der Lehrer es nicht bemerkt; er tat jedenfalls so, zog den Notizblock hervor und rechnete die Punkte noch einmal zusammen. Außerdem hatte er es eilig, er musste die Siegerurkunden ausschreiben, denn heute Abend war Schulfest und da sollten sie verteilt werden.
Wir hatten geduscht und fühlten uns wunderbar erfrischt und dachten im Augenblick an nichts anderes mehr als den kommenden Abend. Wir gingen über den sonnenbeschienenen Platz, hatten die Trainingsblusen über dem Arm und Bert ging in der Mitte, zwischen Bruno und mir.
„Wie hast du das nur gemacht?", fragte Bruno.
„Es war Technik", sagte Bert, „ich habe viel geübt und vor allem habe ich mir genau angesehen, wie es die Diskus- und Speerwerfer machen. Jeder von euch kann das ebenso gut."
„Na, na", sagte Bruno, „und Dannwitz, hast du den gesehen?"
„Der ist viel stärker als ich", sagte Bert, „aber er macht es eben nur mit der rohen Kraft, wenn der noch die richtige Technik beherrschte, wäre er nicht zu schlagen."
Die Straßen waren kühl und mittagsleer, aber wir gingen am Rande der Stadt entlang zum Fluss hinunter, den Weg, der von Büschen und einem hüfthohen Zaun umsäumt war und über den Ameisen und blitzende kleine Käfer liefen. Wir hatten es gar nicht bemerkt, dass er uns gefolgt war, denn wir sprachen über den Abend und über das Fest und über das Mädchen, das jeder von uns eingeladen hatte.
Mit einem Mal war er plötzlich da. Sein Schatten lag breit und gefährlich vor unseren Füßen. Wir standen wie auf Kommando still. Sein Atem ging keuchend und wir froren, als wir ihm ins Gesicht sahen.
Der Weg lief hier in eine Wiese hinein, durch die ein kleines Gewässer plätschernd zum Fluss hinunterglitt. Eine Ziege lag in der Wiese, starr, wie ein weißer Fleck.
Bert hatte gerade gesagt: „Sie hat mir versprochen, dass sie kommt."

Den Inhalt eines literarischen Textes zusammenfassen

75 Dannwitz' Adamsapfel¹ ging auf und nieder; sein Gesicht war schweißnass und die Haare hingen ihm wie Fransen in die Stirn.
„Ihr seid doch drei", sagte er kaum hörbar, „kommt, ihr seid doch drei ..."
80 Niemand antwortete.
Nach einer Weile sagte Bert: „Geht man, geht man nach Hause, ich will nicht, dass ihr da hineingezogen werdet." Er schob uns zur Seite und stellte sich mit hängenden Armen hin.
85 „Nun fang an", sagte er flüsternd. „Ich wehre mich nicht einmal, ich weiß, dass es keinen Zweck hat, sich zu wehren, also, fang an ..."
Die Glocken der Michaeliskirche läuteten plötzlich über den Mittag hin. Die Ziege erhob sich träge und kam lang-
90 sam an den Weg heran.
Dannwitz stand da, mit geballten Fäusten und einem flackernden Licht in den Augen, das aber langsam erlosch. Sein Unterkiefer fiel herab, was seinem Gesicht einen merkwürdig hilflosen Ausdruck verlieh, seine breiten
95 Schultern sackten zusammen, die Fäuste lösten sich, und wahrhaftig, er weinte.
Wir sahen es fassungslos.
Und dann, so plötzlich, wie er gekommen war, drehte er sich auf dem Absatz herum und trabte davon mit schwan-
100 kenden Schritten, wie ein großer, verwundeter Bär.

„Er hat geweint", sagte ich zu Hause bei Tisch. „Nie hätten wir so etwas für möglich gehalten."

1 **Adamsapfel:** Knorpel des Kehlkopfes

„Seit wann ist er bei euch?", fragte der Vater.
„Ich glaube, seit anderthalb Jahren, aber wir mochten ihn nicht, von Anfang an mochten wir ihn nicht, ganz beson- 105
ders, als er anfing, seine Kräfte auszuspielen."
„Womit hätte er euch sonst imponieren sollen?"
„Imponieren?"
„Na ja, was sonst", sagte mein Vater. „Ihr seid doch eine Clique, nicht wahr, ihr kennt euch seit zehn und mehr 110
Jahren. Er kam dazu, ein Fremder, einer, der neu war, ist es nicht so?"
Ich schwieg.

Es war Abend und der Abend war mild und weich. Sie hatten bunte Lampions aufgehängt, die Musiker waren 115
schon da und ich freute mich auf jeden und alles.
Und da sah ich ihn stehen, er stand unter den Buchen, nicht vom Licht des Festplatzes getroffen, er stand da, wesenlos, wie ein Schatten, und ich erkannte nur die Konturen seines Gesichtes. Ich ging schweigend an ihm vorbei, 120
aber mein Herz schlug mir im Halse. Hatte ich etwa Angst? Nein, Angst war es nicht, was mir die Kehle zuschnürte.
Bert rief mich an. „Die Mädchen sind da", sagte er. Die anderen kamen hinzu, der Kreis war geschlossen. Ich blick- 125
te verstohlen zu den dunklen Buchen hin.
Ich ging fort und setzte mich an einen Tisch, über dem ein roter Mond baumelte. Ich stieß den Mond mit dem Finger an und er schaukelte hin und her.
„Was ist?", fragte Bert und er setzte sich neben mich. 130
Ich zuckte mit den Schultern. – „Er steht da", sagte ich nach einer Weile und wies mit dem Kopf in die Richtung

25

der Buchen. „Du kannst seinen Schatten sehen, mehr nicht, er steht da, als ob er nicht zu uns gehörte."

Wir schwiegen beide. Der Mond über uns schwang hin und her.

„Ich würde es versuchen", sagte ich dann, „aber ich kann nicht, deinetwegen."

„Was soll ich denn tun?"

„Hör zu, Bert, wir haben ihm niemals eine Chance gegeben, niemals, ich glaube, das ist es!"

„Gut", sagte Bert und stand auf.

„Falls du es vergessen haben solltest", rief ich ihm nach, „er heißt Werner."

Ich weiß nicht, was sie miteinander gesprochen haben, ich will es auch nicht wissen. Aber sie kamen zusammen zwischen den Bäumen hervor, lässig gingen sie nebeneinander, als sei das schon immer so gewesen, und ich dachte, wer von ihnen hat nun eigentlich heute gewonnen?

Der Mond über mir stand still. Ich gab ihm noch einen kräftigen Schubs. Als wir zu dritt den Festplatz erreichten, begann die Musik zu spielen.

1 *Lies den Text „Der Sieger" aufmerksam durch und kläre genau, was passiert.*
Gehe folgendermaßen vor:
a) *Lies den gesamten Text ein erstes Mal durch.*
b) *Lies den Text ein zweites Mal. Gliedere den Text durch Absatzzeichen (⌐) in Handlungsabschnitte und markiere wichtige Textstellen, die Informationen zur Handlung, zu den Personen, zur Atmosphäre (Stimmung) etc. enthalten. Du kannst dich hierbei an den W-Fragen orientieren, z. B.:*
  ☐ *Wer sind die Hauptfiguren und was erfährt der Leser über sie?*
  ☐ *Wo und wann spielt die Handlung?*
  ☐ *Was passiert nacheinander und wie läuft das Geschehen ab?*

2 *Erstelle einen Schreibplan für deine Textzusammenfassung, indem du in kurzen Sätzen oder Stichworten zusammenfasst, was in jedem Handlungsabschnitt passiert. Gehe wie im Muster auf Seite 19 vor und verwende das Präsens (bei Vorzeitigkeit das Perfekt). Schreibe in dein Heft.*

3 *Halte alle Angaben, die du für deine Einleitung brauchst, in deinem Heft fest. Nimm dir genügend Zeit, um die Kernaussage des Textes zu formulieren. Berücksichtige hierbei:*
  ☐ *Autor und Titel*
  ☐ *Textsorte*
  ☐ *Ort und Zeit der Handlung (falls bekannt)*
  ☐ *Personen der Handlung*
  ☐ *Kernaussage des Textes*

4 *Verfasse nun die Inhaltsangabe (bestehend aus Einleitung und Hauptteil). Schreibe sachlich, löse dich von der Textvorlage und gib den Inhalt des Textes so wieder, dass der Leser die Zusammenhänge der Handlung und die wesentlichen Aussagen des Textes versteht. Schreibe in dein Heft.*

5 *Überarbeite deine Inhaltsangabe mit Hilfe der folgenden Checkliste:*

☑ Checkliste: Den Inhalt eines literarischen Textes zusammenfassen

☐ Ist deine **Einleitung vollständig** (Autor/-in, Titel, Textart, Ort, Zeit und Personen der Handlung sowie Kernaussage des Textes)?

☐ Hast du **nur das Wesentliche** wiedergegeben? Ist die Kernaussage, die in der Einleitung benannt wird, auch im Hauptteil klar erkennbar?

☐ Hast du den Inhalt des Textes **mit eigenen Worten** wiedergegeben und keine Formulierungen aus der Textvorlage verwendet?

☐ Ist die Zusammenfassung **sachlich formuliert** und enthält keine Umgangssprache?

☐ Werden die **Zusammenhänge** der Handlung (Ursache und Wirkung, zeitliche Zusammenhänge etc.) und die wesentlichen Aussagen des Textes deutlich?

☐ Werden **notwendige Erklärungen** eingefügt, wo der Text mit Andeutungen arbeitet und der Leser zwischen den Zeilen lesen muss?

☐ Wird als Tempus das **Präsens,** bei Vorzeitigkeit das Perfekt verwendet?

☐ Hast du die **wörtliche Rede vermieden** und wichtige Aussagen in der indirekten Rede wiedergegeben oder paraphrasiert (umschrieben)?

Erörtern

Eine steigernde Erörterung schreiben

> Die schriftliche Form des Argumentierens nennt man Erörterung. Bei einer Erörterung stellst du eine Behauptung (These) auf, die du durch Argumente (Begründungen) stützt und durch Beispiele veranschaulichst.
> In diesem Kapitel wiederholst du,
> ☐ wie du überzeugende Argumente zu einem Thema findest,
> ☐ wie du eine Gliederung für deine Erörterung erstellst,
> ☐ wie du deine Erörterung aufbaust und die Argumentation sprachlich ausgestaltest.

1 *Um zu klären, welches Ziel deine Erörterung haben soll, musst du zuerst die Themenstellung genau untersuchen.*
a) Markiere bei der folgenden Themenstellung die Aspekte, die das Thema angeben.

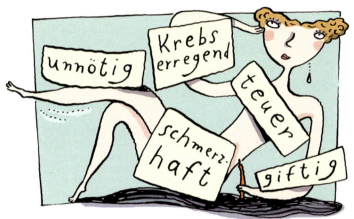

Thema: Tätowierungen haben mittlerweile Kultstatus. Doch der Grat zwischen Körperkunst und Körperverletzung ist schmal und so fordern viele Ärzte ein Tätowierungsverbot für Jugendliche unter 18 Jahren. Erörtere, was für ein solches Tätowierungsverbot spricht.

b) Benenne das Erörterungsthema knapp und präzise in eigenen Worten, indem du die Themafrage selbst formulierst.

_____

_____

2 *a) Lies die folgenden Aussagen zum Thema „Tätowierungen".*
b) Was spricht deiner Meinung nach für ein Tätowierungsverbot für Jugendliche unter 18 Jahren? Ergänze zwei weitere Punkte.

> Die meiste Zeit sieht man das Tattoo eh nicht. Deshalb finde ich es eine unnötige Geldverschwendung!

> Besonders haltbare Tattoo-Farben stammen aus der Autoindustrie. Sie gelten als stark giftig und Krebs erregend.

> Das Entfernen eines Tattoos durch Laserbehandlung ist zwanzigmal teurer als das Tätowieren.

Erörtern

Tattoos – Kunst am Körper oder Chemiedeponie?

Vier Stunden lang Millimeterarbeit und stechende Schmerzen, dann ist es vollbracht! Das Tattoo als individuelles Markenzeichen, als Ausdruck der Persönlichkeit ist in Fleisch und Blut übergegangen. Tätowierungen haben mittlerweile Kultstatus: Sie sind ein ultimativer Körperschmuck geworden, sichtbar oder versteckt, echt und langlebig oder nur als Abziehbild.

So wird's gemacht

Flüssige Farben für den Körperschmuck werden durch elektrische Spezialgeräte mit feinen Nadeln unter die Haut befördert. Die Farbe gelangt entlang der einstechenden Nadel in die zweite Hautschicht, die Lederhaut (Dermis), wo die Farbpigmente eingelagert werden. Bis die getrennten Hautschichten wieder zusammengewachsen sind, ist die Tätowierung eine richtige Wunde, die verheilen muss.

Gefahr für die Gesundheit?

Keine Frage, ein individuelles Tattoo, das im Sommer unter dem Shirt hervorblitzt, ist schon cool. Doch wie gefährlich ist diese Form der Body-Art? Was macht man, wenn das Motiv nicht mehr „in" ist? Tattoos können durch Laserbehandlungen auch wieder entfernt werden. Doch das ist nicht ganz unkompliziert und bis zu zwanzigmal teurer als das Auftragen der Farben. Außerdem können dauerhafte Hautverfärbungen zurückbleiben.
Leider sind auch die Herkunft und die Zusammensetzung vieler Tätowierfarben nicht immer bekannt. Besonders haltbare Farbstoffe stammen aus der Autoindustrie, sie sind hochgiftig und Krebs erregend. In Deutschland sind viele Farbstoffe, die für das Tätowieren verwendet werden, für andere Bedarfsgegenstände wie Textilien, Schmuck oder Kosmetikartikel verboten. Da es jedoch keine gesetzlich festgelegten Vorschriften hinsichtlich der Qualität und der gesundheitlichen Unbedenklichkeit von Tätowierfarben gibt, können diese außerordentlich gesundheitsschädlich sein.

Pflege des Tattoos

Wer sich ein Tattoo hat stechen lassen, muss die Pflegevorschriften für das Tattoo genau beachten: Das „frische" Tattoo sollte mindestens vier Wochen lang keiner direkten Sonneneinstrahlung ausgesetzt werden, ein Solariumsbesuch ist in der Heilungsphase selbstverständlich auch tabu.
Aber auch danach sollte man Aufenthalte in Chlorwasser oder heißen Bädern wie Whirlpools meiden, da dadurch die Farben verblassen können und dann die Tätowierung nur noch schemenhaft zu erkennen ist.

Das richtige Studio

Wer sich ernsthaft zur Tätowierung entschlossen hat, der sollte sich ein Studio suchen, das einen hygienisch sauberen und hell ausgeleuchteten Arbeitsplatz hat. Die Instrumente müssen unbedingt steril sein, da sonst der Traum vom eigenen Tattoo schnell zum Albtraum werden kann. So können beim Tätowieren durch infizierte Instrumente Gelbsucht oder gar Aids-Viren übertragen werden. Viel häufiger sind allerdings schmerzhafte Entzündungen als Folge eines unsterilen Tätowierens. Krankenkassen registrieren z. B. immer wieder Fälle, wo eine teure und langwierige Nachbehandlung notwendig wurde.
Letztendlich muss jeder selbst Pro und Kontra eines Tattoos abwägen – auch unter dem Zeitaspekt: Was sagt der spätere Partner zum Namen der Ex auf der Brust oder dem Arm? Oder ist ein gelber Bart Simpson auch noch in 30 Jahren cool und auf der Haut erkennbar?

3 a) Lies den oben stehenden Zeitungsartikel und markiere dabei alle wichtigen Informationen zum Thema „Tätowierungen".
b) Schreibe zwei Argumente, die gegen das Tätowieren sprechen, in deinen eigenen Worten auf.

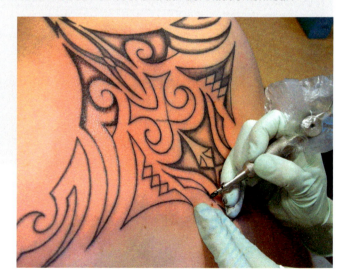

Eine Stoffsammlung erstellen

> Um stichhaltig argumentieren zu können, musst du zunächst eine Stoffsammlung anlegen, in der du Material zu deinem Thema suchst. Du kannst deine Stoffsammlung z. B. als Cluster oder als Brainstorming (alle Gedanken und Ideen zum Thema werden als Liste niedergeschrieben) anlegen.
> Folgende Tipps helfen dir, eine Stoffsammlung zu erstellen:
> ☐ Notiere alles, was dir spontan zum Thema einfällt.
> ☐ Stelle W-Fragen zum Thema, z. B.: Wer ...? Wann ...? Wie ...? Wozu ...? Warum ...? Welche Gefahren/Vorteile/Nachteile ...?

Thema: Was spricht für ein Tätowierungsverbot für Jugendliche unter 18 Jahren?

4 *Lege eine Stoffsammlung an, in der du Gründe sammelst, die für ein Tätowierungsverbot für Jugendliche unter 18 Jahren sprechen.*
Notiere in Form eines Clusters oder Brainstormings alles, was dir zum Thema einfällt. Du kannst das folgende Cluster fortführen oder in deinem Heft selbst eine Stoffsammlung zur Themafrage anlegen.

TIPP
Mögliche W-Fragen zum Thema:
☐ Was ist ein Tattoo?
☐ Welche Vorteile hätte ein Tätowierungsverbot?
☐ Welche Gefahren bestehen?
☐ Warum lässt man sich tätowieren?
☐ Welche Nachteile hat ein Tattoo?

- Krebs erregende Farbstoffe
- gesundheitliche Risiken
  - Entzündungen
- Was spricht für ein Tätowierungsverbot für Jugendliche unter 18 Jahren?

 Erörtern

Den Stoff ordnen

 Bei der **Stoffordnung** geht es darum, aus den gesammelten Ideen **die brauchbaren Gedanken** für deinen Aufsatz herauszufiltern und diese **nach inhaltlichen Gesichtspunkten** zu **ordnen**. Folgende Tipps können dir bei deiner Stoffordnung helfen:
- ☐ Streiche alle Begriffe durch, die nicht exakt zum Thema passen.
- ☐ Suche aus der Stoffsammlung alle zusammengehörenden Punkte heraus (z. B., indem du sie auf die gleiche Weise markierst) und suche für die zusammengehörigen Punkte jeweils einen passenden Oberbegriff.
- ☐ Fasse die Punkte, die sich inhaltlich überschneiden, zusammen.

5 a) Ergänze die folgende Stoffsammlung zum Thema „Was spricht für ein Tätowierungsverbot für Jugendliche unter 18 Jahren?" mit deinen eigenen Ideen. Nimm dazu deine Stoffsammlung von Seite 29 zu Hilfe.
b) Ordne dann deine Stoffsammlung, indem du zusammengehörige Punkte auf die gleiche Weise markierst, passende Oberbegriffe für zusammengehörige Punkte suchst und unpassende Begriffe streichst.
Beachte dazu auch die Tipps im oben stehenden Merkkasten.

Thema: Was spricht für ein Tätowierungsverbot für Jugendliche unter 18 Jahren?

- Mode/Geschmack ändert sich
- Tätowierungen halten ein Leben lang
- Einschränkung der Freizeitgestaltung
- Tätowierungen sind evtl. hinderlich im späteren Beruf
- kein Schwimmbadbesuch nach Tätowierung
- Tätowierung ist schwer zu entfernen
- kein Solariumsbesuch nach Tätowierung
- Tätowieren ist teuer
- Tätowieren ist schmerzhaft
- Entfernen der Tätowierung gelingt nicht immer

---

6 Schreibe deine Stoffsammlung übersichtlich – nach Oberbegriffen und Unterpunkten geordnet – auf, z. B. in einer Tabelle. Ergänze hierbei fehlende Oberbegriffe und Unterpunkte. Schreibe in dein Heft.

Thema: Was spricht für ein Tätowierungsverbot für Jugendliche unter 18 Jahren?

Oberbegriffe	Tätowierung hält ein Leben lang	gesundheitliche Risiken	…
Unterpunkte	– Mode/Geschmack ändert sich und Tätowierung gefällt nicht mehr	…	…
	– …	…	…

Eine steigernde Erörterung schreiben

Die Gliederung erstellen

Die Gliederung ist der **„Bauplan"** für deine **Erörterung** und gibt eine Übersicht über Einleitung (Hinführung zum Thema), Hauptteil (Argumentationsgang) und Schluss (Abrundung des Themas).

☐ Die **Gliederungspunkte** musst du **einheitlich formulieren,** in Stichworten oder in ganzen Sätzen.

☐ Da du jedes Argument zu einem eigenen Argumentationsabschnitt ausarbeiten musst, solltest du **zu jedem Argument mindestens zwei Unterpunkte** finden.

☐ Die Gliederung musst du einheitlich erstellen: **entweder traditionell oder nummerisch.**

traditionelle Gliederung:	nummerische Gliederung:
A. Einleitung	1 Einleitung
B. Hauptteil	2 Hauptteil
I. Argument	2.1 Argument
1. Unterpunkt	2.1.1 Unterpunkt
2. Unterpunkt	2.1.2 Unterpunkt
II. Argument	2.2 Argument
1. Unterpunkt	2.2.1 Unterpunkt
...	...
III. Argument	2.3 Argument
1. Unterpunkt	2.3.1 Unterpunkt
...	...
C. Schluss	3 Schluss

7 *Erstelle den **Hauptteil einer Gliederung** zum Thema „Was spricht für ein Tätowierungsverbot für Jugendliche unter 18 Jahren?" Verwende hierzu deine Stoffordnung aus Aufgabe 6 (▷ S. 30). Berücksichtige bei deiner Gliederung die Hinweise aus dem obigen Merkkasten.*

A. Einleitung

B. Hauptteil (Gründe, die für ein Tätowierungsverbot für Jugendliche unter 18 Jahren sprechen)

   I.

      1.

      2.

C. Schluss

31

Erörtern

Der Hauptteil der Erörterung: Die sprachliche Gestaltung der Argumentation

> Der Hauptteil deiner Erörterung enthält die Argumentation. Wenn deine Argumentation überzeugen soll, dann musst du die **Zusammenhänge deiner Argumentation auch sprachlich gut darstellen,** indem du die einzelnen Bausteine sinnvoll verknüpfst und geschickt zum nächsten Gedankengang überleitest. Häufig ist es auch sinnvoll, noch einmal zum Thema zurückzuführen.

8 *Formuliere die folgenden Bausteine zu einer Argumentation aus, sodass die Zusammenhänge deutlich werden. Nutze hierfür auch die Formulierungshilfen aus der Tabelle auf Seite 33.*

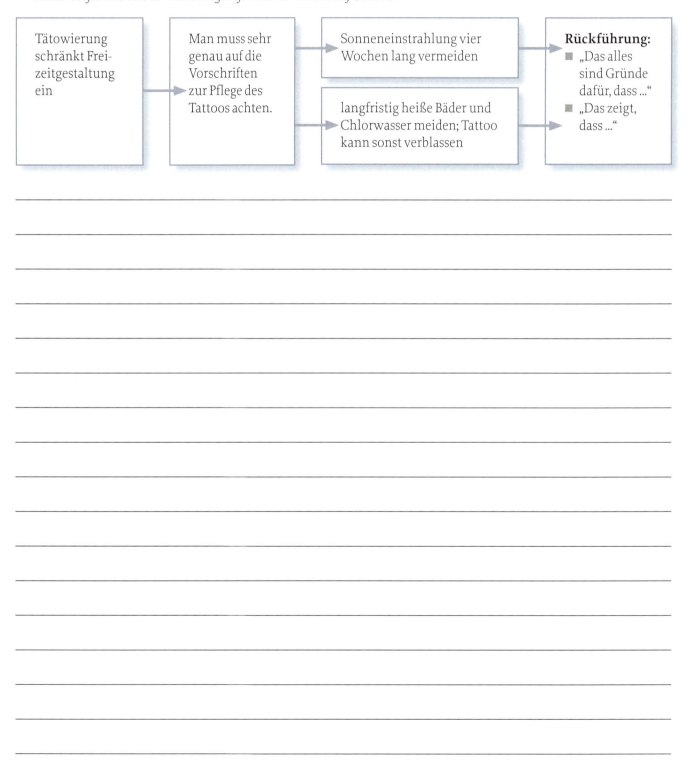

Eine steigernde Erörterung schreiben

 9 *Formuliere die folgenden Bausteine zu einer überzeugenden Argumentation aus. Schreibe in dein Heft. Achte darauf, dass die Zusammenhänge der Argumentation deutlich werden und du geschickt zum nächsten Gedankengang überleitest. Nutze hierfür auch die Formulierungshilfen von Seite 32.*

Thema: Was spricht für ein Tätowierungsverbot für Jugendliche unter 18 Jahren?

Tattoo hät ein Leben lang.

- Eigener Geschmack und Mode verändern sich: Gefällt das Tattoo später auch noch?
- Wie sieht das Tattoo später auf der Haut aus?
- Tatoo ist haltbarer als viele Beziehungen oder Modetrends.
- Die Schauspielerin Angelina Jolie versucht, mit Hilfe von Laserbehandlungen ein Tattoo von ihrem Oberarm zu entfernen. Sie hatte sich den Namen ihres Ehemannes Billy Bob Thornton tätowieren lassen, von dem sie mittlerweile geschieden ist.
- Die Behandlungen zur Entfernung einer Tätowierung ist teuer, langwierig und schmerzhaft und bis zu 20 Mal teurer als die Tätowierung.

Tätowierung kann im späteren Berufsleben hinderlich sein.

- Es gibt Berufe, in denen eine Tätowierung als störend empfunden wird, zum Beispiel bei einer Arbeit in einer Bank, im Krankenhaus oder beim Beruf des Rechtsanwalts oder der Rechtsanwältin.
- Tätowierungen sind in der Gesellschaft immer noch nicht anerkannt.
- Sichtbare Tätowierungen können geringere Chancen bei der Suche nach einem Ausbildungsplatz oder einem (Freizeit-)Job bedeuten.

Gesundheitsrisiko beim Tätowieren

- Durch unsterile Instrumente können beim Tätowieren Krankheiten wie Gelbsucht oder auch Aids-Viren übertragen werden.
- Viele Farben, die beim Tätowieren benutzt werden, sind giftig und Krebs erregend.
- Es gibt keine gesetzlich festgelegten Vorschriften hinsichtlich der Qualität und der gesundheitlichen Unbedenklichkeit von Tätowierfarben.
- Schwere allergische Hautreaktionen sowie Entzündungen sind nach Mitteilungen der deutschen Hautärzte häufige Folgen einer Tätowierung.
- Viele Hautärzte bestätigen: Auch noch Jahre später können die Tätowierfarben Allergien hervorrufen und langfristig krank machen.

Formulierungshilfen für die Ausgestaltung der Argumentation

Sprachliche Wendungen	Konjunktionen und satzverknüpfende Adverbien
eine wichtige Rolle spielt ein weiterer/wichtiger Gesichtspunkt ist außerdem lässt sich noch anführen der wichtigste Punkt/das wichtigste Argument ist aus diesem Grund darüber hinaus eng damit verknüpft besonders schwerwiegend das zeigt; dies belegt wie das Beispiel zeigt aus eigener Erfahrung kann ich sagen beispielsweise	**folgernd:** denn, daher, deshalb, dann, sodass, infolgedessen, demzufolge **anreihend:** zudem, außerdem, auch, ebenso, ferner, sowie **begründend:** deshalb, da, weil, daher, denn, nämlich **entgegensetzend:** dagegen, doch, jedoch

33

Erörtern

Einleitung und Schluss schreiben

- **Einleitung:** In der Einleitung führst du in das Thema ein, z. B. durch ein aktuelles Ereignis (Zeitungsmeldung, Umfrage etc.), ein persönliches Erlebnis, einen historischen Rückblick oder die Erklärung eines zentralen Begriffs, und leitest dann zum Hauptteil über. Achte darauf, keine Argumente aus dem Hauptteil vorwegzunehmen.
- **Schluss:** Der Schluss soll das Thema abrunden, aber keine neuen Argumente beinhalten. Du kannst noch einmal deinen Standpunkt zusammenfassen, einen persönlichen Wunsch oder eine Forderung formulieren oder den Einleitungsgedanken noch einmal aufgreifen.

10 a) Notiere bei den folgenden Einleitungsgedanken, welche Art der Einleitung vorliegt. Nimm dazu die Informationen aus dem obigen Merkkasten zu Hilfe.
b) Formuliere selbst eine Einleitung für eine Erörterung zum unten stehenden Thema. Schreibe in dein Heft.

Thema: Was spricht für ein Tätowierungsverbot für Jugendliche unter 18 Jahren?

	Art der Einleitung
Besonders bei Jugendlichen ist das Tätowieren in den letzten Jahren sehr beliebt geworden. Nach zehn Jahren lässt sich jedoch jeder Zweite wieder seine Tätowierung entfernen. Das ergab eine aktuelle Umfrage des Forschungsinstitutes „polis". Angesichts solcher Zahlen stellt sich die Frage, ob es nicht ein Tätowierungsverbot für Jugendliche unter 18 Jahren geben sollte. Im Folgenden werde ich erörtern, was für ein solches Tätowierungsverbot spricht.	
In den letzten beiden Jahren haben sich in meiner Klasse vier Mitschüler eine Tätowierung machen lassen. Einer von ihnen bereut schon jetzt seine damalige Entscheidung und will sich das Tattoo, das ihm nun nicht mehr gefällt, entfernen lassen. Dass die Entfernung teurer und langwieriger ist als das Stechen eines Tatoos, hat er erst jetzt erfahren. Anlässlich eines solchen Erlebnisses fragt man sich, ob es ein Tätowierungsverbot für Jugendliche unter 18 Jahren geben sollte. Ich möchte im Folgenden darlegen, welche Gründe für ein solches Verbot sprechen.	

11 Formuliere einen Schlussteil für deine Erörterung. Du kannst die folgenden Bausteine zu Hilfe nehmen. Schreibe in dein Heft.

Aus eigener Erfahrung weiß ich ...	Deshalb ...	Es gibt viele Gründe, die für ... sprechen
Meiner Ansicht nach sollte man ...	Der wichtigste Grund ist ...	Hierfür spricht besonders ...
Aus den oben dargestellten Gründen wird deutlich ...		Zusammenfassend lässt sich sagen ...

12 a) Schreibe nun eine vollständige Erörterung zum Thema „Was spricht für ein Tätowierungsverbot für Jugendliche unter 18 Jahren?" in dein Heft. Nimm dazu auch deine Ergebnisse von den Seiten 31–34 zu Hilfe.
b) Überarbeite deine Erörterung mit Hilfe der Checkliste von Seite 36.

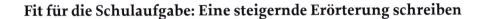

Fit für die Schulaufgabe: Eine steigernde Erörterung schreiben

Folgender Arbeitsauftrag wurde in einer Schulaufgabe gestellt:
Schreibe zu dem folgendem Thema eine Erörterung: „Sollte man die Höflichkeitsform ‚Sie' abschaffen und zu jedem gleich ‚du' sagen dürfen?"

 1 *Sammle Ideen zu dieser Frage, z. B. in einem Cluster. Schreibe in dein Heft.*

2 *Stelle eine Behauptung pro (für)* **oder** *kontra (gegen) das Abschaffen der Höflichkeitsform „Sie" auf. Schreibe in dein Heft.*

3 *a) Ordne deine Stoffsammlung:*
 ☐ *Streiche alle Begriffe durch, die nicht exakt zu deiner Behauptung oder zum Thema passen.*
 ☐ *Suche aus der Stoffsammlung alle zusammengehörenden Punkte heraus (z. B., indem du sie auf die gleiche Weise markierst) und suche für die zusammengehörigen Punkte jeweils einen passenden Oberbegriff.*
 ☐ *Fasse die Punkte, die sich inhaltlich überschneiden, zusammen.*
b) Schreibe deine Stoffordnung übersichtlich auf, z. B. in einer Tabelle. Ordne hierbei jedem Oberbegriff passende Stichworte zu und ergänze gegebenenfalls fehlende Punkte.

 4 *Erstelle eine Gliederung für deinen Erörterungsaufsatz, indem du die Punkte aus deiner Stoffordnung in eine sinnvolle Reihenfolge bringst (vom weniger wichtigen Argument zum wichtigsten).*
Entscheide dich für das traditionelle oder das nummerische Gliederungsmuster (▷ S. 31) und formuliere die Gliederungspunkte einheitlich, entweder in Stichworten oder in ganzen Sätzen.

Anfang einer möglichen Gliederung zur Behauptung: Das „Sie" sollte abgeschafft werden.
A. Einleitung
B. Das „Sie" sollte abgeschafft werden.
   I. Sprache ist einfacher zu lernen.
      1. Nur in wenigen Sprachen wird unterschieden.
      2. Situationen, in denen man sprachlich unsicher ist, entfallen.
   II. In der Schule gäbe es ein besseres Klima.
      1. …
      …
   III. …
      1. …
      …
C. Schluss

Erörtern

5 *Formuliere nun deine Erörterung in deinem Heft aus.*
a) Führe in der Einleitung in das Thema ein, das du erörtern willst, und leite dann zum Hauptteil über.

> – Den Lehrer zu duzen, war jahrzehntelang völlig undenkbar. Aber mittlerweile sind an einigen Gesamtschulen das „Du" und die
>   Nennung beim Vornamen völlig normal. Die Frage, ob ...
>
> – „Wann darf ich jemanden duzen und wann ist es absolut notwendig, „Sie" zu sagen? Oft ist die Unsicherheit darüber, wann
>   wer geduzt oder gesiezt wird, sehr groß. Deshalb ...

b) Formuliere den Hauptteil deiner Erörterung aus.
  ☐ *Stelle die Zusammenhänge deiner Argumentation auch sprachlich gut dar, indem du deine Argumente und Beispiele sinnvoll*
     verknüpfst und geschickt zum nächsten Gedankengang überleitest. Nutze hierfür auch die Formulierungshilfen von Seite 33.
c) Schreibe den Schluss, indem du deinen Standpunkt zusammenfasst, einen Wunsch oder eine Forderung formulierst oder den
   Einleitungsgedanken noch einmal aufgreifst.

> – Zusammenfassend lässt sich sagen, dass vieles dafür spricht ...
>
> – Meiner Meinung nach ...
>
> – Es gibt viele Gründe, die dafür sprechen, ...

6 *a) Überarbeite deine Erörterung mit Hilfe der unten stehenden Checkliste (ab Punkt 6).*
b) Kontrolliere noch einmal, ob deine Gliederung zu deinem Aufsatz passt. Passe gegebenenfalls deine Gliederung deinem Aufsatz an.

☑ Checkliste: Eine Erörterung schreiben

☐ **1. Themastellung klären:** Untersuche das Thema genau und kläre, wonach das Thema fragt.
☐ **2. Behauptung aufstellen:** Welche Meinung vertrittst du zum Thema? Formuliere eine
Behauptung.
☐ **3. Stoffsammlung anlegen:** Sammle Ideen, Gedanken, Argumente zu deiner Behauptung.
☐ **4. Stoffsammlung ordnen:** Ordne deine Stoffsammlung nach inhaltlichen Gesichtspunkten:
  ■ Streiche alle Begriffe durch, die nicht exakt zum Thema passen.
  ■ Suche aus der Stoffsammlung alle zusammengehörenden Punkte heraus und markiere sie auf
    die gleiche Weise, z. B. mit der gleichen Farbe.
  ■ Suche für die zusammengehörigen Punkte jeweils einen passenden Oberbegriff.
  ■ Fasse die Punkte, die sich inhaltlich überschneiden, zusammen.
☐ **5. Gliederung erstellen:**
  ■ Bringe die Punkte aus der Stoffordnung in eine logische Reihenfolge (das weniger wichtige
    Argument zuerst, das wichtigste am Schluss).
  ■ **Formuliere die Gliederungspunkte einheitlich:** entweder in Stichworten oder in ganzen
    Sätzen.
  ■ Entscheide dich für die traditionelle oder die nummerische Gliederung (▷ S. 31).

Vorbereitung · Vorbereitung · Vorbereitung

☐ **6. Die Erörterung schreiben:**
  ■ Führe in der **Einleitung** in das Thema ein und leite dann zum Hauptteil über. Achte darauf,
    keine Argumente aus dem Hauptteil vorwegzunehmen.
  ■ Formuliere den **Hauptteil** aus, indem du deine Behauptung, mit Argumenten und anschau-
    lichen Beispielen vertrittst. Achte darauf, die Zusammenhänge deiner Argumentation auch
    sprachlich gut darzustellen, indem du die Bausteine deiner Argumentation sinnvoll verknüpfst
    und geschickt zum nächsten Gedankengang überleitest (▷ Formulierungshilfen auf S. 32).
  ■ Schreibe den **Schluss,** indem du deinen Standpunkt zusammenfasst, einen Wunsch oder eine
    Forderung formulierst oder den Einleitungsgedanken noch einmal aufgreifst.
☐ **7. Überprüfe** zum Schluss noch einmal, ob deine **Gliederung** zu deinem Aufsatz passt.
    Passe gegebenenfalls deine Gliederung deinem Aufsatz an.

Schreiben der Stellungnahme

Erörtern

Eine Erörterung im Anschluss an einen Text schreiben

Die Textvorlage genau erschließen

Eine Erörterung im Anschluss an einen Text (auch textgebundene Erörterung genannt) entsteht **in Anlehnung an eine Textvorlage** (z. B. einen Zeitungstext, eine Rede etc.), in der eine strittige Frage behandelt oder ein Problem diskutiert wird. Im Unterschied zur Erörterung ohne Text verlangt die textgebundene Erörterung eine genaue Erschließung des Textes, denn Ziel ist es, die These oder einzelne Argumente des Textes zu bekräftigen oder dagegen Stellung zu beziehen.

Auch die textgebundene Erörterung besteht aus Einleitung, Hauptteil und Schluss. Der Hauptteil enthält den Argumentationsgang. In diesem Kapitel wiederholst du,
- ☐ wie du die Textvorlage erschließt,
- ☐ wie du überzeugende Argumente für deine Position findest,
- ☐ wie du eine Gliederung für deine textgebundene Erörterung erstellst und
- ☐ wie du deine Erörterung aufbaust und die Argumente sprachlich ausgestaltest.

Klassenfahrt in die Gefahr
Im Wildwasser und am Steilhang härten sich Gymnasiasten auf Extrem-Schulausflügen ab

von Vera Sprothen

Auf der Bogenbrücke, hoch über dem zerklüfteten Canyon im Bregenzerwald, hört für die meisten Manager der Spaß auf. Für manchen Zehntklässler dagegen fängt er an dieser Stelle erst an: Einen 25 Meter tiefen Abgrund gilt es an einem dünnen Drahtseil frei
5 schwebend zu überwinden, hinunter in die felsige Klamm. Eine waghalsige Übung, bei der normalerweise Führungskräfte die Grenzen ihrer Persönlichkeit ausloten. Neuerdings jedoch unternehmen auch Schüler immer häufiger dieses Abenteuer – als organisierte Mutprobe im Rahmen einer Klassenfahrt. Mit dem traditio-
10 nellen Aufenthalt im Landschulheim hat das nichts mehr zu tun. „Echter Nervenkitzel" sei das gewesen, finden Zehntklässler des Duisburger Krupp-Gymnasiums, die jüngst von einem als Bildungsreise deklarierten einwöchigen Extremtraining zurückgekehrt sind. Gleich hinter der österreichischen Grenze, wo Berge
15 und Täler sprechende Namen wie „Zitterklapfen" und „Rappenlochschlucht" tragen, balancierten sie in luftiger Höhe auf einem Baumstamm. Sie robbten im Innern einer tiefschwarzen Höhle durch enge, feuchte Tunnelgänge und kletterten von 60 Meter hohen Felsvorsprüngen herunter. „Einige meiner Schüler haben
20 mir Todesangst gestanden", erzählt der Klassenlehrer.
Mit ihrem Schulausflug liegen die Gymnasiasten im Trend: In den vergangenen fünf Jahren sei auch die Nachfrage der Schulen an derartigen Exkursionen „sehr stark angestiegen", berichtet Holger Kolb, Vorstandsmitglied im Bundesverband Erlebnispädagogik in
25 Lindau. Etwa fünf Prozent aller Klassenfahrten, so schätzt er, fänden bereits als inszeniertes Abenteuer statt. Eine Entwicklung, die sich nach Ansicht des Sozialpädagogen festigen wird: „Wir leben in einer Erlebnis- und Risikogesellschaft, in der Outdoor-Aktivitäten auch in der Werbung immer wieder betont werden", sagt
30 Kolb. Die jugendliche Faszination in Bezug auf Kletterpartien und Wildwassertouren sei entsprechend groß. Längst haben die Veranstalter ihr Angebot erweitert und werben mit Sonderrabatten.

Randnotizen:

neu: Schulausflüge in Form von Extremtraining in der Natur mit waghalsigen Mutproben, z. T. Todesängste bei den Schülern

?

?

Erörtern

Zwischen 18 und 30 Euro pro Person kosten die Tagestouren, die von speziell ausgebildeten Führern vorbereitet und unter strengen Sicherheitsvorkehrungen begleitet werden. „Kinder wandern doch heute nur noch, wenn irgendein Highlight dabei ist", sagt Jürgen Koch, Inhaber des „Aktivzentrums" im bayrischen Oberstaufen, in dem etwa ein Drittel der Gäste Schulklassen sind. Im sächsischen Mittweida bietet Michael Unger, Geschäftsführer des „Outdoor-Teams", ein Überlebenstraining in der Wildnis des Elbsandsteingebirges an. Schüler lernen hier, mit Feuersteinen umzugehen oder Notlager zu errichten. Hin und wieder wird auch mal eine Suppe mit Regenwürmern gekocht. „Das ist der absolute Bringer", berichtet Unger.

Ein „uriges Erlebnis" verspricht Gerhard Feuerstein, Inhaber des „Aktiv-Zentrums Bregenzerwald": zum Beispiel in einer Höhle, die am Ende gerade genügend Platz für einen Schüler bietet, um flach auf dem Bauch hindurchzukriechen. Panik-Kandidaten erkenne er schon im Vorfeld, sagt Feuerstein. „Es ist wichtig, dass Leute, die Angst haben, nicht zurückbleiben", sagt er. Zum Mitmachen gezwungen werde aber niemand.

Von pädagogischer Seite erfährt Feuersteins Konzept Zustimmung: „Es geht darum, über seinen Schatten zu springen", erklärt Gymnasiallehrer Fred Willemsen aus eigener Erfahrung. Im Nachhinein stellt er ein „erheblich gesteigertes Selbstwertgefühl" fest, das seine Schüler im Unterricht zeigten. Auch Sozialpädagoge Holger Kolb glaubt an den Erfolg der Grenzerfahrungen im Freien – Momente, die Schüler in einer immer stärker medialisierten Welt kaum noch erleben würden. „Das Sozialverhalten lässt sich in der Natur am besten erlernen", sagt er. Und auch die zuständigen Landesministerien reagieren: In Nordrhein-Westfalen haben die Kultus- und Sportminister bereits eine Ergänzungsrichtlinie für Wanderfahrten überarbeitet. Die neue Fassung soll auch Extremsportarten berücksichtigen.

Aus: „Süddeutsche Zeitung" vom 23.06.2003

Bei einer textgebundenen Erörterung musst du zuerst den Text erschließen. Gehe bei der Texterschließung folgendermaßen vor:

1. Schritt: Lies den Text genau durch und kläre die Bedeutung unbekannter Begriffe und Textstellen, z. B. aus dem Textzusammenhang oder mit Hilfe eines Wörterbuches.

2. Schritt: Lies den Text ein zweites Mal, markiere hierbei in der Textvorlage die wichtigsten Informationen und halte die zentralen Aussagen des Textes in Stichworten fest, z. B. in der Randspalte.

Folgende Fragen können dir dabei helfen:
- Um welches Thema geht es in dem Text?
- Welche Behauptungen werden aufgestellt, welche Standpunkte vertreten?
- Zu welcher Schlussfolgerung gelangt der Text, welche Absicht hat er?

1. *In einer textgebundenen Erörterung musst du dich mit dem vorgegebenen Text auseinandersetzen. Deshalb musst du zuerst die Textvorlage genau verstanden haben.*
   a) *Lies den Zeitungsartikel „Klassenfahrt in die Gefahr" (▷ S. 37–38) durch. Unterstreiche dabei mit Bleistift Wörter und Textstellen, die du nicht verstehst, und notiere ein Fragezeichen am Rand. Drei Begriffe, die du vielleicht noch nicht kennst, sind schon im Text unterstrichen.*
   b) *Erkläre die Bedeutung der unterstrichenen Begriffe und notiere am Rand die Worterklärungen. Versuche zuerst, diese Wörter aus dem Textzusammenhang heraus zu verstehen. Wenn dir dies nicht gelingt, schlage in einem Wörterbuch nach.*

Eine Erörterung im Anschluss an einen Text schreiben

2 *Lies nun den Text (▷ S. 37–38) ein zweites Mal aufmerksam durch.*
  ☐ *Markiere dabei die wichtigsten Informationen. Versuche, so wenig wie möglich zu unterstreichen.*
  ☐ *Halte die wichtigsten Aussagen des Textes in Stichworten in der Randspalte fest.*

3 *Fasse zusammen, worum es in dem Zeitungsartikel „Klassenfahrt in die Gefahr" geht, indem du den folgenden (Basis-)Satz fortführst:*

TIPP
Achte beim Markieren der Textvorlage darauf, nur die allerwichtigsten Textstellen zu unterstreichen. Beispiele, mit denen die Argumente veranschaulicht werden, gehören in der Regel nicht dazu. Suche nach der allgemeinen Aussage, die durch das Beispiel belegt werden soll.

In dem Artikel „Klassenfahrt in die Gefahr" aus der „Süddeutschen Zeitung" vom 26.6.2003 berichtet Vera Sprothen über _____

 4 *Untersuche nun den Gedankengang des Textes „Klassenfahrt in die Gefahr" (▷ S. 37–38) genauer. Am Ende des Textes ist die Rede davon, dass es in Nordrhein-Westfalen Überlegungen gibt, solche Formen von Extremtraining in das offizielle Wanderfahrtenprogramm aufzunehmen (vgl. Z. 61–64). Arbeite aus dem Text heraus, welche Gründe für solche Extrem-Schulausflüge sprechen. Übertrage dazu die unten stehende Tabelle in dein Heft und vervollständige sie.*
HINWEIS: Orientiere dich an deinen Randnotizen.

Thema: Was spricht für die Aufnahme von Extrem-Schulausflügen ins offizielle Wanderfahrtenprogramm?

Argumente	Beispiele (Zahlen, Expertenzitate etc.)
– echter Nervenkitzel	– einwöchiges Extremtraining einer 10. Klasse des Duisburger Krupp-Gymnasiums im Bregenzerwald: • Abgründe über einen Holzbalken balancierend überwinden • durch dunkle Höhlen, enge, feuchte Tunnelgänge robben • von 60 m hohen Felsvorsprüngen klettern
– jugendliche Faszination für Extremtouren entspricht heutiger Erlebnis- und Risikogesellschaft	– …

 Erörtern

Eine Stoffsammlung erstellen

Eine Stoffsammlung erstellen
In deiner Stoffsammlung suchst du Material, das du für deine Argumentation verwenden kannst. Je nach Aufgabenstellung (Themafrage) sollst du die Behauptung des Textes durch weitere Argumente stützen oder eine Gegenposition zum Text beziehen.

1. Stoffsammlung: Behauptung im Text bekräftigen
Suche Gedanken und Ideen aus dem vorliegenden Text heraus, die du für deine Argumentation verwenden kannst, und ergänze dann weitere Punkte, die die Aussage des Textes bekräftigen.

2. Stoffsammlung: Gegenposition zum Text beziehen
Schau dir den Text noch einmal genau an und notiere, gegen welche Argumente im Text du Gegenargumente formulieren könntest.

(▷ Mehr Informationen zur Stoffsammlung findest du auf Seite 29.)

Zu dem Text „Klassenfahrt in die Gefahr" (▷ S. 37–38) wurde in einer Schulaufgabe der folgende Erörterungsauftrag gestellt:

„Gerne würden wir solche Extrem-Schulausflüge ins offizielle Wanderfahrtenprogramm aufnehmen", sagen die Befürworter von Extrem-Schulausflügen, bei denen man unter fachkundiger Leitung auf hohe Bäume klettert, sich in tiefe Schluchten abseilt oder durch beklemmend enge, finstere Höhlen kriecht. Was kann man dem entgegenhalten? Schreibe im Anschluss an den Text „Klassenfahrt in die Gefahr" (▷ S. 37–38) eine Erörterung, in der du eine Gegenposition beziehst.

5 *Um zu klären, welches Ziel deine Erörterung haben soll, musst du zuerst die Themenstellung genau untersuchen.*
a) *Markiere bei der obigen Themenstellung die Aspekte, die das Thema angeben.*
b) *Benenne in eigenen Worten die Aufgabenstellung, indem du die Themafrage formulierst. Schreibe in dein Heft.*

6 *Lege eine Stoffsammlung an, in der du Gründe sammelst, die gegen (kontra) Extrem-Schulausflüge sprechen. Berücksichtige hierbei, zu welchen Argumenten aus dem Text du treffende Gegenargumente formulieren kannst. Nimm dazu auch deine Ergebnisse aus Aufgabe 4 (▷ S. 39) zu Hilfe. Du kannst deine Stoffsammlung als Cluster, Brainstoming oder geordnet als Tabelle anlegen. Schreibe in dein Heft.*
HINWEIS: *Mehr Informationen zur Stoffsammlung findest du auf Seite 29.*

Ich habe keine Lust, dass mein Klassenlehrer mir dabei zuschaut, wie ich über meinen Schatten springe.

Ich mag solche Gruppendruck-Geschichten nicht. Wenn man Angst hat, hat man Angst.

Ich finde solche Ausflüge sind eine unnötige Geschäftemacherei. Die Natur steht doch eigentlich allen kostenlos zur Verfügung.

Und wer trägt die Verantwortung für das erhöhte Unfallrisiko? Die Gefahr, dass bei so einem Schulausflug etwas passiert, ist ja doch ziemlich groß.

Beispiel:

Thema: Was spricht gegen die Aufnahme von Extrem-Schulausflügen ins offizielle Wanderfahrtenprogramm?

Argumente	Beispiele (Zahlen, Expertenzitate, eigene Erfahrung etc.)
– erhöhte Unfallgefahr	– z. B. große Absturzgefahr beim Klettern, wenn Schüler nicht trainiert oder schwindelfrei sind oder wenn Vorschriften nicht eingehalten werden
– …	– 18 bis 30 Euro pro Tag und Person ist nicht billig, das können das sich Familien mit mehreren Kindern kaum leisten

40

Eine Erörterung im Anschluss an einen Text schreiben

Den Stoff ordnen und die Gliederung erstellen

> Bei der Ordnung deiner Stoffsammlung geht es darum, **die brauchbaren Gedanken** für deinen Aufsatz herauszufiltern und diese **nach inhaltlichen Gesichtspunkten zu ordnen.** Folgende Tipps können dir bei deiner Stoffordnung helfen:
> ☐ Streiche die Ideen und Gedanken, die nicht exakt zur Aufgabenstellung passen.
> ☐ Suche aus der Stoffsammlung alle inhaltlich zusammengehörenden Punkte heraus (z. B. indem du sie auf die gleiche Weise markierst) und suche für die zusammengehörigen Punkte jeweils einen passenden Oberbegriff.
> ☐ Fasse die Punkte, die sich inhaltlich überschneiden, zusammen.
> (▷ Mehr Informationen zur Stoffordnung findest du auf Seite 30.)

7 *Ordne deine Stoffsammlung aus Aufgabe 6 (▷ S. 40) nach inhaltlich zusammengehörenden Gesichtspunkten und schreibe sie übersichtlich – nach Oberbegriffen und Unterpunkten geordnet – auf. Die Tipps im obigen Merkkasten helfen dir dabei.*

8 *Erstelle den **Hauptteil** einer Gliederung zum Thema „Was spricht gegen die Aufnahme von Extrem-Schulausflügen ins offizielle Wanderfahrtenprogramm?" Verwende hierzu deine Stoffordnung aus Aufgabe 7.*
☐ *Bringe deine Argumente in eine sinnvolle Reihefolge (vom weniger wichtigen zum wichtigsten Argument).*
☐ *Formuliere die Gliederungspunkte einheitlich, entweder in Stichworten oder in ganzen Sätzen.*
HINWEIS: Mehr Informationen zur Gliederung findest du auf Seite 31.

TIPP
A. Einleitung (Autor, Titel, ggf. Textsorte und -quelle, Kernaussage des Textes; Überleitung zur Themafrage)
B. These zur Themafrage
  I. Argument
    1. Unterpunkt
    2. Unterpunkt
  II. Argument
    1. Unterpunkt
    ...
  III. Argument
    1. Unterpunkt
    ...
C. Schluss (Abrundung der Argumentation, z. B. Bekräftigung der These, Wunsch, Forderung, Ausblick)

A. Vera Sprothen, „Klassenfahrt in die Gefahr", Artikel aus der „Süddeutschen Zeitung" vom …
B. Gründe gegen Aufnahme von Extrem-Schulausflügen ins offizielle Wanderfahrtenprogramm
  I. _____
     _____
    1. _____
       _____
    2. _____
       _____
       _____
       _____
       _____
       _____
       _____
       _____
C. Extrem-Schulausflüge für das offizielle Wanderfahrtenprogramm nicht sinnvoll, weil …

Erörtern

Der Hauptteil der Erörterung: Die sprachliche Gestaltung der Argumentation

Der Hauptteil deiner Erörterung enthält die Argumentation.
- Stelle die **Zusammenhänge deiner Argumentation auch sprachlich gut dar,** indem du die einzelnen Bausteine deiner Argumentation sinnvoll verknüpfst und geschickt zum nächsten Gedankengang überleitest.
- Versuche, im Rahmen deiner Argumentation auch **auf die Textvorlage einzugehen,** indem du einzelne Argumente und Gedanken des Textes aufgreifst und diese durch weitere Argumente bekräftigst oder dagegen Stellung beziehst.

Wenn du Gedanken oder Passagen des Textes wiedergibst, musst du die indirekte Rede verwenden oder die Textstelle in einen Aussagesatz umformulieren. Einzelne Formulierungen aus dem Text kannst du auch als Zitat in Anführungszeichen wiedergeben.

Beispiel:
„Kinder wandern doch heute nur noch, wenn irgendein Highlight dabei ist", sagt Jürgen Koch (vgl. S. 38, Z. 35–36).

→ Wiedergabe der Textpassage in der indirekten Rede:
Jürgen Koch ist der Meinung, dass Kinder heute nur noch wandern würden, wenn irgendein Highlight dabei sei (vgl. Z. 35–36).

→ Wiedergabe der Textpassage in einem Aussagesatz:
Jürgen Koch vertritt die Meinung, dass Kinder heute nur noch wandern, wenn irgendein Highlight dabei ist (vgl. Z. 35–36).

→ Wiedergabe einer einzelnen Formulierung als Zitat:
Meiner Meinung nach ist es unzutreffend, dass bei Wanderungen unbedingt „irgendein Highlight" (Z. 36) dabei sein muss, wie es Jürgen Koch in dem Zeitungsartikel formuliert.

9 *Untersuche den folgenden Auszug aus einem Erörterungsaufsatz genau, indem du die folgenden Aufgaben bearbeitest.*
a) *Markiere, an welchen Stellen auf die Textvorlage (den Zeitungsartikel „Klassenfahrt in die Gefahr" auf S. 37–38) eingegangen wird und durch welche Formulierungen ein Bezug zur Textvorlage hergestellt wird.*
b) *Umkreise die sprachlichen Wendungen und Konjunktionen, mit denen die einzelnen Bausteine der Argumentation verknüpft sind bzw. zu einem Argument oder Beispiel übergeleitet wird.*

Auszug aus einer textgebundenen Erörterung

...

Zunächst ist anzuführen, dass solche Extrem-Schulausflüge kein echtes Naturerlebnis bieten. Wenn in dem Zeitungsartikel gesagt wird, dass die Anbieter solcher Ausflüge diese als „inszeniertes Abenteuer" (Z. 26) verkaufen, bei dem „echter Nervenkitzel" (Z. 11) einschließlich einer „Suppe mit Regenwürmern" (Z. 43) geboten wird, so zeigt dies deutlich, dass ein verfälschtes Bild von der Natur vermittelt wird. Die Natur erscheint nur noch als eine gefährliche Abenteuerkulisse, die sich gegen andere Unterhaltungsprogramme austauschen lässt, sodass eine echte Naturbegegnung gar nicht mehr stattfinden kann. Aus eigener Erfahrung kann ich sagen, dass eine organisierte Wanderung durch den Wald, zum Beispiel mit einem Förster oder mit einem Mitglied des BUNDs für Umwelt und Naturschutz, im Gegensatz zu solchen Abenteuerausflügen viel mehr bietet, denn man lernt zum Beispiel, wie man sich im Gelände orientieren kann, und erfährt viel über das Ökosystem der Natur.

Außerdem zeigen die vielen Angebote von Extremausflügen, die sich gezielt auf Schulen spezialisiert haben, dass hier mit der Natur, die eigentlich allen kostenlos zur Verfügung steht, Geld gemacht wird. Wenn Holger Kolb in dem Artikel bemerkt, dass die Nachfrage der Schulen nach derartigen Exkursionen stark angestiegen sei, so stellt sich die Frage, ob Schulen solche Entwicklungen unterstützen sollten.

Damit eng verknüpft ist die Tatsache, dass ...

Eine Erörterung im Anschluss an einen Text schreiben

10 *Formuliere die folgenden Bausteine zu einer Argumentation aus, sodass die Zusammenhänge – wie in dem Beispiel auf Seite 42 – deutlich werden. Versuche auch, zum nächsten Argumentationsschritt überzuleiten. Die Formulierungshilfen aus der unten stehenden Tabelle helfen dir dabei. Schreibe in dein Heft.*
HINWEIS: *Die markierten Textstellen sind Zitate aus dem Text „Klassenfahrt in die Gefahr" (▷ S. 37–38), die du in deine Argumentation einbeziehen kannst.*

Hohe Kosten
- Bei einer solchen Art von Klassenfahrt sind die Kosten sehr hoch.
- „Zwischen 18 und 30 Euro pro Person kosten die Tagestouren [...]." (Z. 33)
- Bei einer Klassenfahrt kommen noch zusätzlich Kosten für Anreise, Unterkunft und Verpflegung hinzu.
- Viele Eltern können sich das nicht leisten (vor allem Familien mit mehreren Kindern).
- Schüler, die aus finanziellen Gründen an so einem Ausflug nicht teilnehmen können, werden ausgegrenzt.
- Eine Klassenfahrt soll das Gruppengefühl stärken, nicht ausgrenzen.
- Eine andere, kostengünstigere Klassenfahrt wirft das Problem „Geld" erst gar nicht auf.
    + Beispiel (z. B. aus eigener Erfahrung)

Gefahr von Gruppendruck und Ausgrenzung
- Solche Klassenfahrten können zu Gruppendruck führen.
- „Einige meiner Schüler haben mir Todesangst gestanden', erzählt der Klassenlehrer." (Z. 19 f.)
- Nicht alle Schüler werden von diesem Extremtraining begeistert sein.
- Einige Schüler werden spüren, wie ungeschickt oder ängstlich sie im Vergleich zu anderen sind.
- Einige Schüler werden frustriert sein und manches nur wegen des Gruppendrucks machen.
- Mutigere Schüler können ängstlichere hänseln und ausgrenzen.
- Das Selbstwertgefühl wird nicht unbedingt gesteigert.
    + Beispiel (z. B. aus eigener Erfahrung)

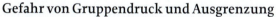

Formulierungshilfen für die Ausgestaltung der Argumentation

Sprachliche Wendungen	Konjunktionen und satzverknüpfende Adverbien
eine wichtige Rolle spielt ein weiterer Gesichtspunkt ist außerdem lässt sich noch anführen das wichtigste Argument ist aus diesem Grund darüber hinaus eng damit verknüpft abschließend kann man sagen das alles zeigt, dass das alles sind Gründe dafür	**folgernd:** denn, daher, deshalb, sodass, infolgedessen, demzufolge **anreihend:** zudem, außerdem, auch, ebenso, ferner, sowie **begründend:** deshalb, da, weil, daher, denn, nämlich **entgegensetzend:** dagegen, doch, jedoch, aber, trotzdem
	Wendungen, die einen Bezug zur Textvorlage herstellen
das zeigt; dies belegt wie das Beispiel zeigt aus eigener Erfahrung kann ich sagen beispielsweise	In dem Zeitungsartikel/Text ist die Rede davon, dass … Wenn erwähnt wird, dass …, so zeigt dies deutlich … Wenn … sagt, dass … Dem kann man entgegenhalten, dass …

Erörtern

Einleitung und Schluss schreiben

Auch die textgebundene Erörterung besteht aus Einleitung, Hauptteil und Schluss.
1. Einleitung: In der Einleitung beziehst du dich auf den vorliegenden Text, indem du Autor/-in, Titel (evtl. auch Textsorte und -quelle) sowie die Kernaussage des Textes benennst. Dann leitest du zum Thema/ zur Themafrage über, z. B. durch ein aktuelles Ereignis, ein persönliches Erlebnis etc.
2. Hauptteil: Der Hauptteil enthält den Argumentationsgang. Hier belegst du deine These durch eine Kette von Argumenten und Beispielen. Nimm dabei auch möglichst Bezug zum vorliegenden Text, indem du Gedanken oder Argumente aufgreifst, um dagegen Stellung zu nehmen oder diese durch weitere Argumente zu bekräftigen.
3. Schluss: Der Schluss rundet das Thema ab, soll aber keine neuen Argumente beinhalten. Du kannst noch einmal deinen Standpunkt zusammenfassen oder einen persönlichen Wunsch oder eine Forderung formulieren.

11 *Formuliere eine **Einleitung** für deine textgebundene Erörterung. Schreibe in dein Heft. Du kannst den folgenden Anfang einer Einleitung fortführen, indem du eine Überleitung zum Thema ergänzt. Die unten stehenden Ideen für eine Überleitung helfen dir dabei.*

> Vera Sprothen schreibt in ihrem Artikel „Klassenfahrt in die Gefahr" aus der „Süddeutschen Zeitung" vom 23. 06. 2003 über den Trend, Klassenausflüge als Extremtraining zu gestalten, bei denen die Schüler lebensgefährlich erscheinende Situationen meistern müssen.
> …

TIPP
Einleitung
Hinweis auf Textvorlage
↓
Überleitung zum Thema

| Diskussion in der Klasse über solche Klassenausflüge, einige Punkte, die bedenklich erscheinen | Klassenfahrten sollen den Zusammenhalt in der Klasse stärken Frage, ob eine Klassenfahrt in Form eines Extremtrainings dies leisten kann |

12 *Formuliere einen Schlussteil für deine Erörterung. Du kannst die folgenden Bausteine zu Hilfe nehmen. Schreibe in dein Heft.*

Aus eigener Erfahrung weiß ich, …	Deshalb …	Es gibt viele Gründe, die für … sprechen
Meiner Ansicht nach sollte man …	Der wichtigste Grund ist …	Hierfür spricht besonders …
Aus den oben dargestellten Gründen wird deutlich …	Zusammenfassend lässt sich sagen …

13 a) *Schreibe nun im Anschluss an den Text „Klassenfahrt in die Gefahr" (▷ S. 37–38) eine Erörterung, in der du darlegst, welche Gründe gegen die Aufnahme solcher Schulausflüge ins offizielle Wanderfahrtenprogramm sprechen. Nimm hierzu deine Ergebnisse von den Seiten 40–44 zu Hilfe. Schreibe in dein Heft.*
b) *Überarbeite deine Erörterung mit Hilfe der Checkliste von Seite 47 (ab Punkt 6).*

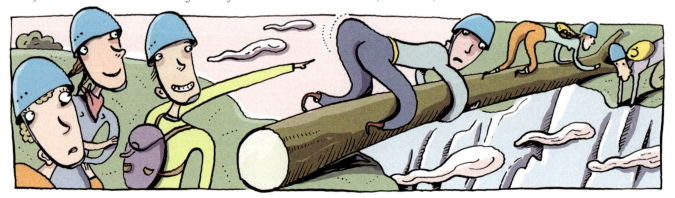

Fit für die Schulaufgabe: Eine Erörterung im Anschluss an einen Text schreiben

Folgender Arbeitsauftrag wurde in einer Schulaufgabe gestellt:
Erörtere im Anschluss an den Text „Laborschule: Lernlandschaften in Bielefeld", ob eine Schule nach Art der Bielefelder Laborschule für dich in Frage käme.

Laborschule: Lernlandschaften in Bielefeld
Ein Blick hinter die Mauern von Deutschlands einziger Versuchsschule

Klassenräume gibt es nicht, stattdessen lernen die 660 Schüler in großen „Lernlandschaften". Tafeln und Tischgruppen sind lediglich durch Stellwände getrennt. An der Laborschule in Bielefeld ist so vieles ganz anders.

5   Vieles läuft anders an Deutschlands einziger Laborschule in Bielefeld.
So sind Noten bis zur 8. Klasse tabu[1]. Stattdessen beurteilen die rund 70 Lehrer ihre Schüler bis zur 8. Klasse mit Leistungsberichten. „Was hier als ungewöhnliches
10 Schulexperiment gilt, ist in Schweden ganz normal", weiß Professor Klaus-Jürgen Tillmann, wissenschaftlicher Leiter der Laborschule. Ein außergewöhnlicher Lernort in Nordrhein-Westfalen, an dem schon der Unterrichtsbeginn kaum etwas mit dem einer gewöhnli-
15 chen Schule gemein hat.
Kaspar und Leon bauen mit Holzklötzchen eine Brücke. Gleich nebenan sehen zwei Mädchen beim Kaninchenstall nach dem Rechten. Währenddessen sitzt Lehrerin Susanne Baumann barfüßig mit einem Schüler auf dem
20 Fußboden, beantwortet seine Fragen. So langsam trudeln die anderen Kinder ein. Die Ankunftszeit ist gleitend von 8 bis 8.45 Uhr. „Diese Dreiviertelstunde ist uns sehr wichtig", betont Dr. Annemarie von der Groeben. „Da sollen die Kinder zur Ruhe kommen", so die Leiterin
25 der Laborschule. Dann ist „Schulbeginn". Als hätte eine unsichtbare Hand ein Zeichen gegeben, versammeln sich die Kinder in einer Ecke. Weder jetzt noch zur Pause schrillt eine Schulglocke. „Die Kinder wissen einfach, jetzt geht es los." Im Kreis sitzen sie da und fangen nach
30 einer Begrüßung mit Mathe an.
„So wenig Belehrung wie nötig, so viel Erfahrung wie möglich", lautet ein Motto der Laborschule. Zudem sollen Kinder früh lernen, mit Unterschieden zu leben. Fünf- und Siebenjährige sind hier in einer Klasse, eben-
35 so wie begabte und schwächere Schüler. „Die Schule soll ein Spiegelbild der Gesellschaft sein", erläutert von der Groeben. Dadurch lernen die Kinder außer Schreiben und Rechnen vor allem soziale Kompetenzen[2]. Sie arbeiten schon früh zusammen in Gruppen. Auch in den
40 höheren Klassen wird viel Unterrichtsstoff über Projektarbeit vermittelt. Dabei gibt es keine autoritären[3] Struk-

> Vor über 25 Jahren wurde in Bielefeld zu Forschungszwecken eine „Laborschule" gegründet, in der Schüler von der 1. bis zur 10. Klasse unterrichtet werden, ohne sie nach verschiedenen Schulformen (Sonderschule, Hauptschule, Realschule, Gymnasium) zu trennen.
> Die Bielefelder Laborschule ist eine Ganztagsschule, die Schüler können nicht sitzen bleiben und bis zur 9. Klasse gibt es keine Noten.
> Nach Abschluss der Laborschule haben die Schüler die Möglichkeit, auf die Oberstufe eines Gymnasiums zu wechseln und dort ihr Abitur zu machen.

turen. „Wir finden es klasse, unsere Lehrer duzen zu dürfen", meinen Lara und Merle begeistert.
Hier können Lehrer in Zusammenarbeit mit der Universität Bielefeld ihre Ideen ausprobieren: Etwa, ob der ge- 45
meinsame Unterricht von Neun-, Zehn- und Elfjährigen sinnvoll ist. Insgesamt 15 Projekte testen Lehrer und Wissenschaftler. Schließlich bewerten und veröffentlichen sie die Ergebnisse. So hat sich in Bielefeld das Prinzip der Ganztagsschule oder der Beginn mit Englisch in 50
der dritten Klasse lange bewährt. Auch über die Einschulung mit fünf Jahren wird hier nicht diskutiert. Die gibt es seit 1974, als die Schule von Hartmut von Hentig gegründet wurde.
Auch wenn hier anfangs keine Noten zählen, die Leis- 55
tung schon. „25 Fehler im Diktat sind für den einen Schüler eine enorme Leistungssteigerung, weil er vorher vielleicht 40 gemacht hat. Für einen anderen sind fünf Fehler schon viel", sagt Annemarie von der Groeben.
Jeder Schüler soll individuell gefördert werden. Für die 60
Fünf- bis Achtjährigen gibt es keinen Stundenplan. Spielen und Lernen wechseln sich ab. In den oberen Stufen steht Gruppenarbeit an Projekten im Vordergrund. So müssen die älteren Schüler umfangreiche Jahresarbeiten schreiben. Liebevoll und detailliert hat etwa ein 65
Mädchen auf 40 Seiten Stämme und Religionen der Indianer beschrieben, eine Arbeit mit Inhalts- und Literaturverzeichnis, die gut und gerne im ersten Unisemester abgegeben werden könnte.
Damit die Schüler in eine Ausbildung oder auf eine wei- 70
terführende Schule wechseln können, müssen sie sich in

1 **tabu:** verboten
2 **Kompetenz:** Fähigkeit
3 **autoritär:** unbedingten Gehorsam fordernd

Erörtern

der 9. und 10. Klasse schließlich doch noch mit Noten anfreunden.

Niemand muss in der Laborschule eine Klasse wiederholen. „Dabei haben wir auch Schüler, die unter normalen Umständen auf eine Sonderschule für Lernbehinderte müssten", sagt Klaus-Jürgen Tillmann. Aber hier kümmern sich Lehrer und die anderen Schüler um die Schwächeren. „Wir müssen die Schule den Kindern anpassen und auf jeden Fall weg vom Selektionsdenken⁴", ist auch Annemarie von der Groeben überzeugt. Ein wenig schmunzelnd fügt sie hinzu: „Das ist im Übrigen auch das Geheimnis der Finnen und Schweden. In den Schulen dort werden Solidarität⁵, Hilfe für die Schwachen und Chancengleichheit großgeschrieben."

Bericht des WDR (Westdeutscher Rundfunk) vom 03.04.2003

4 **Selektion:** Auswahl
5 **Solidarität:** Gemeinschaft, Zusammenhalt

1 *Erschließe den vorliegenden Text genau. Gehe folgendermaßen vor:*
 a) *Lies den Text mindestens zweimal durch. Kläre die Bedeutung unbekannter Begriffe und Textstellen und markiere die wichtigsten Informationen.*
 b) *Fasse zusammen, worum es in dem Text geht, indem du den folgenden Satz fortführst:*

In dem Bericht des WDR vom 3. April 2003 _____

2 *Lege eine Stoffsammlung in deinem Heft an.*
 a) *Entscheide zuerst, ob du für oder gegen eine Schule nach Art der Bielefelder Laborschule bist, und notiere deine Behauptung.*
 b) *Sammle nun – je nachdem, welche Meinung du vertrittst – Argumente und Beispiele für oder gegen eine solche Schule. Schreibe in dein Heft.*
 HINWEIS: *Achte dabei darauf, dass du auch gezielt Gedanken und Argumente aus dem Text aufgreifst und dazu Stellung beziehst: Entweder, indem du bestimmten Aussagen beipflichtest und sie mit eigenen Argumenten und Beispielen verstärkst, oder, indem du ihnen widersprichst und Gegenargumente und Beispiele suchst.*

Argumente aus dem Text	Beispiele aus dem Text	eigene (weiterführende) Argumente *oder* Gegenargumente	eigene (weiterführende) Beispiele *oder* Gegenbeispiele
– statt Noten Leistungsberichte, die den Lernfortschritt des einzelnen Schülers festhalten	– Schüler sind verschieden; 25 Fehler im Diktat ist Leistungsverbesserung, wenn Schüler zuvor 40 Fehler gemacht hat	– …	– …

3 *Ordne deine Stoffsammlung nach inhaltlich zusammengehörenden Gesichtspunkten.*
 ☐ *Überlege, welche Punkte zusammengehören, und finde für diese einen passenden Oberbegriff.*
 ☐ *Fasse die Punkte, die sich inhaltlich überschneiden, zusammen und streiche Ideen, die nicht zum Thema passen.*

Eine Erörterung im Anschluss an einen Text schreiben

4 *Erstelle die Gliederung für deine textgebundene Erörterung. Verwende hierzu deine Stoffordnung aus Aufgabe 3. Schreibe in dein Heft.*
- *Bringe deine Argumente in eine sinnvolle Reihefolge (vom weniger wichtigen zum wichtigsten Argument).*
- *Formuliere die Gliederungspunkte einheitlich, entweder in Stichworten oder in ganzen Sätzen.*

TIPP

A. Einleitung (Autor, Titel, ggf. Textsorte und -quelle, Kernaussage des Textes; Überleitung zur Themafrage)
B. These zur Themafrage
  I. Argument
    1. Unterpunkt
    2. Unterpunkt
  II. Argument
    1. Unterpunkt
    ...
  III. Argument
    1. Unterpunkt
    ...
C. Schluss (Abrundung der Argumentation, z. B. Bekräftigung der These, Wunsch, Forderung, Ausblick)

5 *Verfasse nun auf der Grundlage deiner Gliederung eine textgebundene Erörterung.*
Schreibe in dein Heft. Die Formulierungshilfen auf Seite 43 helfen dir dabei.
- *Beziehe dich in der **Einleitung** auf den vorliegenden Text, indem du Titel, Textsorte und -quelle sowie die Kernaussage des Textes benennst. Leite dann zum Hauptteil über.*
- *Belege im **Hauptteil** deine These durch eine Kette von Argumenten und Beispielen. Versuche, hierbei auch immer wieder den vorliegenden Text einzubeziehen.*
- *Bekräftige am **Schluss** noch einmal deine Meinung oder formuliere einen Wunsch oder eine Forderung.*

6 *a) Überarbeite deine Erörterung mit Hilfe der folgenden Checkliste.*
b) Kontrolliere noch einmal, ob deine Gliederung zu deinem Aufsatz passt. Passe gegebenenfalls deine Gliederung deinem Aufsatz an.

☑ Checkliste: Erörtern im Anschluss an einen Text

☐ **1. Themastellung klären:** Untersuche das Thema genau und kläre, wonach das Thema fragt.
☐ **2. Behauptung aufstellen:** Welche Meinung vertrittst du zum Thema? Formuliere eine Behauptung.
☐ **3. Stoffsammlung anlegen:** Sammle Ideen, Gedanken, Argumente zu deiner Behauptung.
☐ **4. Stoffsammlung ordnen:** Ordne deine Stoffsammlung nach inhaltlichen Gesichtspunkten:
- Streiche alle Begriffe durch, die nicht exakt zum Thema passen.
- Suche aus der Stoffsammlung alle zusammengehörenden Punkte heraus und markiere sie auf die gleiche Weise, z. B. mit der gleichen Farbe.
- Suche für die zusammengehörigen Punkte jeweils einen passenden Oberbegriff.
- Fasse die Punkte, die sich inhaltlich überschneiden, zusammen.

☐ **5. Gliederung erstellen:**
- Bringe die Punkte aus der Stoffordnung in eine logische Reihenfolge (das weniger wichtige Argument zuerst, das wichtigste am Schluss).
- **Formuliere die Gliederungspunkte einheitlich:** entweder in Stichworten oder in ganzen Sätzen.
- Entscheide dich für die traditionelle oder die nummerische Gliederung (▷ S. 31).

Vorbereitung · Vorbereitung · Vorbereitung · Vorbereitung

☐ **6. Die Erörterung schreiben:**
- Beziehe dich in der **Einleitung** auf den vorliegenden Text, indem du Autor/-in, Titel (evtl. auch Textsorte und -quelle) sowie die Kernaussage des Textes benennst. Leite dann zum Thema/zur Themafrage über, z. B. durch ein aktuelles Ereignis, ein persönliches Erlebnis etc.
- Belege im **Hauptteil** deine These durch eine Kette von Argumenten und Beispielen.
  - Beziehe dich dabei möglichst auf den vorliegenden Text (durch Zitate aus dem Text oder die Wiedergabe einzelner Textpassagen im Konjunktiv, vgl. S. 42), indem du Gedanken oder Argumente aufgreifst, um dagegen Stellung zu nehmen oder diese durch weitere Argumente zu bekräftigen.
  - Achte darauf, die Zusammenhänge deiner Argumentation auch sprachlich treffend darzustellen, indem du die Bausteine deiner Argumentation sinnvoll verknüpfst und geschickt zum nächsten Gedankengang überleitest (▷ Formulierungshilfen auf S. 43).
- Schreibe den **Schluss,** indem du deinen Standpunkt zusammenfasst, einen Wunsch oder eine Forderung formulierst oder den Einleitungsgedanken noch einmal aufgreifst.

☐ **7. Überprüfe** zum Schluss noch einmal, ob deine **Gliederung** zu deinem Aufsatz passt. Passe gegebenenfalls deine Gliederung deinem Aufsatz an.

Schreiben der Erörterung

47

Protokollieren

Protokollieren

Unterrichtsprotokolle schreiben

> Ein Protokoll, auch als Niederschrift bezeichnet, hält knapp und sachlich das Wichtigste einer Sitzung, einer Unterrichtsstunde oder einer Diskussion fest. Da vorwiegend mündliche Situationen protokolliert werden, musst du das Gehörte zunächst mitschreiben. Diese Mitschrift ist die Grundlage deines Protokolls. In diesem Kapitel wiederholst du,
> - wie du wichtige Inhalte schnell und übersichtlich mitschreiben kannst,
> - wie ein Protokoll aufgebaut ist und
> - was du beim Schreiben eines Protokolls berücksichtigen musst.

1 *Mit Hilfe des folgenden Fragebogens kannst du herausfinden, ob du bereits gute Mitschreibestrategien entwickelt hast. Bearbeite den folgenden Fragebogen und werte anschließend deine Ergebnisse mit Hilfe des Lösungsteils (▷ S. 23) aus. Im Lösungsteil findest du auch Tipps zum Mitschreiben.*

1) Schreibst du auf, was deine Mitschüler im Unterricht sagen?	☐	oft	☑	manchmal	☐	nie
2) Schreibst du dir Fragen auf, die du im Unterricht stellen willst?	☐	oft	☑	manchmal	☐	nie
3) Mitzuschreiben, wenn jemand spricht, fällt dir	☐	ganz leicht	☑	schwer	☐	sehr schwer
4) Fertigst du eigene Skizzen und Schaubilder zu Texten an?	☐	oft	☐	manchmal	☑	nie
5) Verwendest du Abkürzungen, wenn du etwas aufschreibst?	☐	oft	☐	manchmal	☑	nie

6) Welche Farben benutzt du beim Aufschreiben und Unterstreichen?

☐ Ich benutze Farben, um Wichtiges zu markieren. ☐ Ich unterstreiche meistens nichts.

☑ Ich schreibe mit Füller und unterstreiche auch damit.

 2 *Lasse dir den folgenden Text am besten vorlesen. Schreibe dabei das Wichtigste mit. Verwende beim Mitschreiben Abkürzungen und Zeichen, z. B. die aus dem Tippkasten. Schreibe in dein Heft.*
HINWEIS: Falls du niemanden zum Vorlesen hast, lies den Text selbst konzentriert durch, decke ihn dann zu und schreibe anschließend das Wichtigste auf.

Wer war Andreas Gryphius?

Andreas Gryphius wurde 1616 im schlesischen Glogau geboren. Auch andere berühmte Schriftsteller, wie zum Beispiel Gerhart Hauptmann, stammen aus Schlesien, das heute zum größten Teil zu Polen gehört. Sein Leben war geprägt durch den Dreißigjährigen Krieg. So erlebte er zum Beispiel die Plünderung seiner Heimatstadt mit. Gryphius wurde vor allem durch die Gedichte, die er geschrieben hat, bekannt. „Es ist alles eitel", „Menschliches Elende" und „Tränen des Vaterlandes" haben ihn berühmt gemacht. Vielleicht kennst du bereits einige seiner Gedichte, die man Sonette nennt. Gryphius hat auch Schauspiele geschrieben. Er starb 1664 im Alter von 47 Jahren an einem Schlaganfall.

TIPP
Abkürzungen und Zeichen
! = besonders wichtig
→ = daraus folgt
↔ = Gegensatz
Bsp. = Beispiel
Def. = Definition
Erg. = Ergebnis
s. = siehe
u. = und
v. = von
vgl. = vergleiche
wg. = wegen
* = geboren
† = gestorben

 3 *Fasse mit Hilfe deiner Mitschrift das Wesentliche des Textes zusammen. Schreibe in dein Heft. Gelingt dir dies nicht oder fällt dir dies schwer, solltest du das Mitschreiben üben, indem du z. B. versuchst, die Inhalte von Unterrichtsstunden mitzuschreiben.*

Eine Mitschrift erstellen

 Bevor du ein Protokoll erstellst, musst du die wichtigsten Aspekte des Gesprächs oder des Geschehens mitschreiben. Diese **Mitschrift,** auch Notizen genannt, ist die Grundlage deines Protokolls. Sie sollte in Stichworten das Wesentliche übersichtlich und geordnet festhalten.

In der Klasse 8b des Johannes-Gutenberg-Gymnasiums wird im Deutschunterricht das Thema „Andreas Gryphius' Sonett ‚Es ist alles eitel'" behandelt. Auf den folgenden drei Seiten (▷ S. 49–51) ist diese Unterrichtsstunde wortwörtlich wiedergegeben. Deine Aufgabe ist es, zu dieser Unterrichtsstunde eine Mitschrift anzulegen und dann ein Unterrichtsprotokoll zu erstellen.

TIPP
Tipps zum Mitschreiben
- ☐ Schreibe nur das Wesentliche mit (häufig genügen Stichworte).
- ☐ Hebe Wichtiges durch Unterstreichungen hervor.
- ☐ Mache logische Zusammenhänge durch Pfeile deutlich (→).
- ☐ Ordne deine Notizen optisch, z. B. durch Spiegelstriche oder Nummerierungen.
- ☐ Verwende Abkürzungen (▷ S. 48).

 1 *Fertige zu der der folgenden Unterrichtsstunde (▷ S. 49–51) eine Mitschrift an. Am besten ist es, wenn dir jemand den Text vorliest und du die wichtigsten Inhalte der Unterrichtsstunde mitschreibst. Sollte dies nicht möglich sein, liest du dir den Text selbst durch und schreibst dabei das Wichtigste auf. Achte auf Übersichtlichkeit, notiere nur die wesentlichen Aspekte und verwende bei deiner Mitschrift Abkürzungen und Zeichen.*

Unterrichtsstunde:

Frau Karl: Geht bitte auf eure Plätze. Ruhe bitte. Guten Morgen!

Schüler/innen: Guten Morgen, Frau Karl!

Frau Karl: Ich zähle nur 27, wer fehlt denn heute?

Martin: Die Claudia, die war gestern auch schon krank.

Frau Karl: Gut, Martin, dann trägst du Claudia Berger bitte als fehlend ins Klassenbuch ein. Ich möchte euch nun einen Elternbrief austeilen. Darin findet ihr bzw. finden eure Eltern alle notwendigen Informationen zu unserem Wandertag. Wir haben das ja schon besprochen.

Florian: Frau Karl, ich war mit meinen Eltern in diesem Jahr schon zwei Mal im Nationalpark. Das nervt, dass wir jetzt auch noch da hinfahren.

Frau Karl: Bitte, Florian, die Klasse hat sich in der Mehrheit dafür entschieden.
(Frau Karl hängt mit Magneten Werbung von Schönheitsprodukten an die Tafel.)

Christine: Hey, cool, das ist die Heidi Klum, die habe ich gestern auch im Fernsehen gesehen. Das Duschgel muss ich auch mal ausprobieren.

Frau Karl: Nun, Christine, bei dir scheint die Werbung ihren Zweck zu erfüllen. Warum funktioniert denn diese Art von Werbung so gut?

Patrick: Ich glaube, weil die Leute diese Models toll finden. Die Christine ja auch.

Frau Karl: Warum aber will jemand dieses Produkt kaufen?

Carolin: Vielleicht wollen die Käufer eben auch so gut aussehen wie die Models in der Werbung.

Christoph: Ihr seid vielleicht eitel!

Frau Karl: Ja, Christoph, Eitelkeit spielt hier eine große Rolle. Was befürchten die – wie ihr sagt – eitlen Leute, die sich diese Produkte kaufen?

Carolin: Dass sie nicht für immer jung und schön bleiben.

Protokollieren

Frau Karl: Richtig. Schönheit und Jugend sind vergänglich. Das Wort „Eitelkeit" hat seinen Ursprung im lateinischen „Vanitas", was übersetzt „Vergänglichkeit" bedeutet. Die Vergänglichkeit oder auch Vanitas war eines der Hauptmotive im Barock. Wer kann denn bitte noch einmal kurz definieren, was man unter Vanitas versteht?

Paul: Das bedeutet, dass das Leben auf der Erde vergänglich ist und deshalb nichts wert ist. Man soll sich deshalb auf der Erde bereits gut auf das Leben im Himmel vorbereiten. Das haben die Menschen im Barock so gesehen.

Frau Karl: Ganz richtig. Um die Vergänglichkeit aller irdischen Dinge geht es auch in dem Barockgedicht „Es ist alles eitel" von Andreas Gryphius, das auf diesem Arbeitsblatt steht. *(Frau Karl teilt ein Arbeitsblatt aus, darauf steht ein Text. Gleichzeitig legt sie eine Folie mit dem Arbeitsblatt auf den Overhead-Projektor und schaltet das Gerät ein.)*

A. Gryphius: „Es ist alles eitel" – ein typisches Sonett

Andreas Gryphius
Es ist alles eitel

Du siehst, wohin du siehst, nur Eitelkeit auf Erden.	a
Was dieser heute baut, reißt jener morgen ein;	b
Wo itzund¹ Städte stehn, wird eine Wiese sein,	b
Auf der ein Schäferskind wird spielen mit den Herden.	a
5 Was itzund prächtig blüht, soll bald zertreten werden;	a
Was itzt² so pocht und trotzt, ist morgen Asch und Bein;	b
Nichts ist, das ewig sei, kein Erz, kein Marmorstein.	b
Itzt lacht das Glück uns an, bald donnern die Beschwerden.	a
Der hohen Taten Ruhm muss wie ein Traum vergehn.	c
10 Soll denn das Spiel der Zeit, der leichte Mensch, bestehn?	c
Ach, was ist alles dies, was wir für köstlich achten,	d
Als schlechte Nichtigkeit, als Schatten, Staub und Wind,	e
Als eine Wiesenblum, die man nicht wiederfind't.	e
Noch will, was ewig ist, kein einig³ Mensch betrachten.	d

2 Quartette mit umschließenden Reimen

2 Terzette mit Paarreimen und einem umschließenden Reim

1 **itzund:** jetzt
2 **itzt:** jetzt
3 **einig:** einziger

Versmaß: sechshebiger Jambus mit Zäsur nach der dritten Hebung = Alexandriner

Inhalt des Gedichts:

1. Welche Gegensatzpaare finden sich in den ersten beiden Strophen? Trage sie in die Tabelle ein.

Antithetik (Gegensatzpaare)

baut	reißt ... ein
Städte	Wiese
blüht	zertreten
lacht	donnern
Glück	Beschwerden

Bedeutung: <u>Vergänglichkeit/Vanitas (vgl. Vers 7)</u>

2. Welche Nomen stehen für den Vanitas-Gedanken (Vergänglichkeit)?

<u>Asch und Bein, Nichtigkeit, Schatten, Staub und Wind</u>

3. Welche Bedeutung hat die letzte Zeile des Gedichts? Was sagt sie aus?

<u>Ermahnung: Nur der Glaube ist ewig. Der Mensch soll sich am Jenseits orientieren.</u>

HINWEIS: Die blauen Eintragungen auf dem Arbeitsblatt sind die Ergebnisse der Unterrichtsstunde.

Eine Mitschrift erstellen

Frau Karl: Wer liest uns den Text vor? Meldet euch bitte! Ja, Philipp? *(Philipp liest den Text vor, tut sich aber etwas schwer damit, sodass Frau Karl ihn immer wieder verbessern muss).* Wir wollen diesen Text nun inhaltlich erschließen. Wo wird eurer Meinung nach das Thema „Vergänglichkeit" im Gedicht angesprochen? Belegt eure Aussagen bitte anhand des Textes.

Anne: Zum Beispiel in der Überschrift und in Vers 1. Hier heißt es ja schon, dass alles auf Erden vergänglich ist.

Robin: Ja, das schon. Aber dann geht es ja direkt weiter mit total vielen Beispielen.

Frau Karl: Ja, in der Überschrift und in Vers 1 wird sozusagen das Thema des Gedichts benannt und im Folgenden erläutert der Autor dieses Thema mit Beispielen. Wir wollen uns die Beispiele für die Vergänglichkeit näher anschauen. Geht dazu bitte den Text zu zweit durch und sucht in den ersten beiden Strophen Nomen und Verben heraus, die Gegensatzpaare bilden. Tragt sie in die Tabelle auf dem Arbeitsblatt ein. Ich ergänze dann auf meiner Folie. *(Die Schüler machen sich an die Arbeit.)*

Frau Karl: Hanna und Claudia, welche Gegensatzpaare habt ihr gefunden?

Hanna: Wir haben „bauen – einreißen", „Städte – Wiesen", „Glück – Beschwerden", „lachen – donnern". Ach ja, und „blühen" und „zertreten".

Frau Karl: Sehr gut. Diese Gegensätzlichkeit nennt man „Antithetik", ein wichtiges Stilmittel des Barock. Was drückt diese Antithetik aus?

Anja: Das alles, was da ist, morgen schon zerstört wird oder sich ins Gegenteil verkehrt. Das eben nichts auf Erden lange hält.

Frau Karl: Ja, ganz genau. Diese Antithetik drückt den Vanitas-Gedanken des Barock aus. Wir halten das auf dem Arbeitsblatt fest. *(Frau Karl notiert die Begriffe auf der Folie.)* Welche Nomen im Text drücken denn auch noch diesen Vanitas-Gedanken aus?

Claudia: Da steht „Asch und Bein", „Nichtigkeit" und „Schatten". Und „Staub und Wind".

Frau Karl: Ja, ganz richtig. Diese Nomen drücken auch den Vanitas-Gedanken aus. Wir notieren dies auf dem Arbeitsblatt. Welche Absicht verfolgt denn der Autor mit der letzten Zeile des Gedichts? „Noch will, was ewig ist, kein einig Mensch betrachten." Ich bitte um Beiträge.

Carolin: Es geht da, glaube ich, darum, was ewig ist.

Christoph: Aber die ganze Zeit geht's doch darum, dass alles vergänglich ist.

Patrick: Ja, wegen dem Dreißigjährigen Krieg. Aber die Leute glauben, dass Gott ewig ist.

Carolin: Vielleicht soll der Mensch sich am Jenseits orientieren und an Gott, dann kommen ihm das Leben und der Krieg nicht so schlimm vor.

Frau Karl: Ganz genau. Es ist eine Ermahnung, sich am Jenseits, an der Ewigkeit zu orientieren, im Gegensatz zur Vergänglichkeit und zum Leid auf Erden. Wir wollen uns nun der äußeren Form des Gedichts zuwenden. Welche formalen Besonderheiten fallen euch auf?

Laura: Das Gedicht hat vier Strophen, die sind aber nicht gleich lang. Die ersten zwei haben vier Zeilen, die letzten zwei nur drei.

Frau Karl: Richtig. Man nennt die ersten Strophen Quartette, weil sie vier Verszeilen haben, und die letzten Terzette, weil sie drei Verszeilen haben. Welche Reime liegen denn vor?

Martin: Umschließende Reime in den Quartetten und Paarreime und ein umschließender Reim in den Terzetten.

Frau Karl: Ja, genau. Wir notieren das gleich mal auf unserem Blatt. *(Frau Karl notiert die Begriffe auf der Folie.)* Nach genau diesem strengen Schema wurden im Barock viele Gedichte, die so genannten Sonette geschrieben. Deshalb ergänzen wir als Überschrift auf unserem Arbeitsblatt: Andreas Gryphius: „Es ist alles eitel" – ein typisches Sonett. Paul, lies bitte die erste Strophe noch einmal mit übertriebenen Betonungen vor. *(Paul liest, Frau Karl setzt die Betonungsstriche im Text.)* Gut, Paul. Ihr seht also, in jedem Vers findet sich ein sechshebiger Jambus mit einer kleinen Pause in der Mitte, die man Zäsur nennt. Diese Pause trennt auch die Gegensatzpaare, die wir aufgeschrieben haben. Wenn ein Vers so strukturiert ist, dann nennt man ihn Alexandriner. Nach genau dieser Versform wurden im Barock viele Gedichte geschrieben. Als Hausaufgabe lernt ihr bitte, was wir heute über das Sonett erfahren haben. Ich werde das abfragen!

Protokollieren

2 Der unten stehende Ausschnitt aus einer Mitschrift der Unterrichtsstunde (▷ S. 49–51) ist nur teilweise gelungen.
a) Lies die folgende Mitschrift durch und vergleiche sie mit deiner Mitschrift.
b) Notiere, was du bei der unten stehenden Mitschrift verbessern würdest.
Streiche überflüssige Informationen durch und ergänze fehlende Angaben in der Randspalte.
Korrigiere Unstimmigkeiten oder Unklarheiten.

---

14. Oktober 2008, 8–8.45 Uhr,

Klassenzimmer der 8b des Johannes-Gutenberg-Gymnasiums,

27 Schüler/-innen

Thema: Andreas Gryphius

1. Begrüßung durch Fr. Karl u. Anwesenheitskontrolle

2. Organisatorisches

– Wandertag

– Diskussion zw. Fr. K. + Florian → Grund: Florian unzufrieden mit dem

Ziel

3. Unterrichtsgespräch über Bedeutung des Wortes „eitel"

– Einstieg: Werbung von Schönheitsprodukten

→ Leute kaufen Produkte, weil sie Models toll finden

→ haben Angst, Jugend und Schönheit zu verlieren, sind eitel

→ Barock: Wort „Eitelkeit" hatte auch im Barock Bedeutung

4. Arbeitsblatt mit Gedicht wird ausgeteilt sowie auf Folie an die Wand

projiziert

a) Gedicht wird vorgelesen → Philipp liest, muss oft verbessert werden

b) Inhalt

– viele Gegensatzpaare (Verben und Nomen) im Gedicht

→ Gegensatzpaare (s. Arbeitsblatt) drücken aus, dass alles ver-

gänglich ist → Vanitas-Gedanke im Gedicht

...

Randspalte: Fehlen von Thom...

---

3 Notiere auch, was du bei dieser Mitschrift gelungen findest.

Eine Mitschrift erstellen

Die äußere Form des Protokolls

Protokolle haben eine feste äußere Form.
1. **Der Protokollkopf:** Der Kopf des Protokolls enthält genaue Angaben, und zwar: Anlass (Titel der Veranstaltung), Datum, Zeit, Ort, Anwesende, Abwesende, Protokollführer/-in, evtl. Thema (z. B. der Unterrichtsstunde), Auflistung der Tagesordnungspunkte (TOPs); beim Protokollieren von Unterrichtsstunden werden die Stundeninhalte als TOPs aufgeführt.
2. **Hauptteil:** die eigentliche Niederschrift
3. **Schluss des Protokolls:** Ort, Datum, Unterschrift der Protokollführerin oder des Protokollsführers

4 *Vervollständige mit Hilfe deiner Mitschrift den folgenden Protokollkopf. Bei den Tagesordnungspunkten notierst du die einzelnen Stundeninhalte. Du kannst diese auch noch einmal wie nebenstehend untergliedern.*

TIPP

TOP 1: Organisatorisches: Elternbrief zum Wandertag
TOP 2: ...
TOP 3: Untersuchung des Gedichts „Es ist alles eitel" von Andreas Gryphius
 a) Lesen des Textes
 b) ...
 c) ...
TOP 4: ...

Protokoll über die Deutschstunde in der Klasse 8b

Datum: 14. Oktober 2008

Zeit: 8.00–8.45 Uhr

Ort: Klassenzimmer der 8b des Johannes-Gutenberg-Gymnasiums

Anwesende: 27 Schüler/innen

Abwesende: 0

Protokollführer/-in: Maximilian ___

Thema der Stunde: Andreas Gryphius

Tagesordnung/Stundeninhalte:

TOP 1: Organisatorisches: Elternbrief zum Wandertag

TOP 2:

 Protokollieren

Die sprachliche Gestaltung des Protokolls

Ein Protokoll schreibst du im **Präsens** (bei Vorzeitigkeit verwendest du das Perfekt). Wichtige Gesprächsbeiträge einzelner Teilnehmer/-innen werden nicht in der direkten Rede (wörtlichen Rede), sondern als Aussagesatz oder in der indirekten Rede wiedergegeben.
Folgende Tipps helfen dir beim Schreiben eines Protokolls:
- **Gliedere dein Protokoll** nach thematischen Gesichtspunkten, d. h.: Fasse verschiedene Aussagen zu einem Thema zusammen, auch wenn sie im Unterrichtsgespräch zeitlich getrennt waren.
- Schreibe **sachlich** und **formuliere präzise**, sodass auch jemand, der das Geschehen nicht miterlebt hat, den Inhalt nachvollziehen kann.
- **Vermeide Schachtelsätze.**
- **Formuliere abwechslungsreich** (siehe unten stehende Formulierungshilfen).
- Verwende, wenn möglich, das **Passiv**. Es wirkt sachlicher als das Aktiv, z. B.: „Die Ergebnisse **werden** an der Tafel **zusammengefasst** ..."; „Es **werden** verschiedene Vorschläge **gemacht** ...".
- Schreibe nicht „ich" oder „wir", sondern nenne entweder die Sprecher beim Namen (auch dich selbst) oder fasse zusammen, auf welchem Weg die Ergebnisse entstanden sind, z. B.: „In Partnerarbeit/Gruppenarbeit/Stillarbeit wird das Gedicht ..."; „Im Unterrichtsgespräch sucht die Klasse ...".

 5 *Überarbeite den folgenden Ausschnitt aus dem Hauptteil des Unterrichtsprotokolls. Beachte dazu die Tipps im obigen Merkkasten und verwende die Formulierungshilfen in den rechts stehenden Wortspeichern. Lasse überflüssige Informationen weg. Schreibe in dein Heft.*

zu TOP 1: Organisatorisches: Elternbrief zum Wandertag

Frau Karl verteilt einen Elternbrief mit Informationen zum Wandertag. Über das Ziel des Wandertags ist Florian unzufrieden.

zu TOP 2: Bedeutung des Begriffes „Eitelkeit"

5 Dann wird Werbung von Schönheitsprodukten mit Magneten an der Tafel befestigt. Dann sprechen wir über den Begriff „Eitelkeit". In der „Eitelkeit" drückt sich der Wunsch nach Schönheit und Jugend aus. Diese sind aber vergänglich. Das Wort „Eitelkeit" hat seinen Ursprung im lateinischen „Vanitas". Das bedeutet Vergänglichkeit. Die Vergänglichkeit oder „Vanitas" ist im Barock wichtig. Sie bedeutet, dass alle Dinge auf Erden im Unterschied zum Jenseits vergänglich sind. Deshalb
10 sollen sich die Menschen schon zu Lebzeiten am Jenseits orientieren. Um das Thema „Vergänglichkeit" geht es auch in dem Barockgedicht „Es ist alles eitel" von Andreas Gryphius.

zu TOP 3: Untersuchung des Gedichtes „Es ist alles eitel" von Andreas Gryphius

a) Lesen des Textes
Das Gedicht „Es ist alles eitel" von Andreas Gryphius wird auf einem Arbeitsblatt ausgeteilt
15 und auf einer Folie an die Wand projiziert. Der Text wird von einem Schüler vorgelesen.
b) inhaltliche Erschließung
Dann soll der Text, in dem es ja auch um das Thema „Vergänglichkeit" geht, verstanden werden. Frau Karl fragt, wo dieses Thema im Gedicht angesprochen wird. Die Antwort ist, dass es schon in der Überschrift und im ersten Vers gesagt wird. In Partnerarbeit werden nun Gegensatz-
20 paare (Nomen und Verben) aus den ersten beiden Strophen herausgesucht, die diese Vergänglichkeit verbildlichen, z. B.: „baut – reißt ... ein", „Städte – Wiese". „blüht – zertreten", „lacht – donnern" und „Glück – Beschwerden". Frau Karl sagt, dass diese Gegensätzlichkeit einen speziellen Namen hat, nämlich „Antithetik", und diese Antithetik ist ein wichtiges Stilmittel des Barock. Weitere Nomen, die diesen Vanitas-Gedanken im Gedicht ausdrücken, sind „Asch
25 und Bein", „Nichtigkeit", „Schatten" sowie „Staub und Wind". Dann wird über die letzte Zeile des Gedichts gesprochen ...

Wortspeicher 1:
zu Beginn
zunächst
als Erstes
zuerst
anfangs
anschließend
im Anschluss daran
später
danach
als Nächstes
abschließend
als Letztes
zuletzt
zum Schluss

Wortspeicher 2:
besprechen
fortfahren
wiederholen
ergänzen
zusammenfassen
mitteilen
äußern
darstellen
erklären
hervorheben
verdeutlichen
feststellen
behandeln
thematisieren
eingehen auf
aufgreifen
diskutieren
besprechen
auf etwas verweisen

Eine Mitschrift erstellen

6 Schreibe nun das Unterrichtsprotokoll vollständig in dein Heft. Achte auf die äußere Form des Protokolls: Protokollkopf, Hauptteil und Schluss.

Protokoll über die Deutschstunde in der Klasse 8b

Datum:	14. Oktober 2008
Zeit:	8.00–8.45 Uhr
Ort:	Klassenzimmer der 8b des Johannes-Gutenberg-Gymnasiums
Anwesend:	27 Schülerinnen und Schüler der 8b und die Klassenlehrerin Frau Karl
Abwesend:	Claudia Berger
Protokollführer/-in:	Nicolas Nau (hier steht dein Name)
Thema der Stunde:	…
Tagesordnung:	TOP 1: Organisatorisches: Elternbrief zum Wandertag
	TOP 2: Bedeutung des Begriffs „Eitelkeit"
	TOP 3: …
	…

] Protokollkopf

zu TOP 1: …
zu TOP 2: …
…

] Hauptteil

München, den 14. Oktober 2008

Nicolas Nau   (hier musst du unterschreiben)

] Schluss

---

7 Überarbeite dein Protokoll mit Hilfe der unten stehenden Checkliste.

8 Übe selbstständig das Schreiben von Protokollen, indem du z. B. Unterrichtsstunden im Fach Deutsch protokollierst. Gehe hierbei wie folgt vor:
a) Lege eine Mitschrift über die Unterrichtsstunde an, indem du die wesentlichen Inhalte der Stunde notierst.
- ☐ Schreibe nur das Wesentliche mit (häufig genügen Stichworte). Aber: Notiere lieber zu viel als zu wenig!
- ☐ Hebe Wichtiges durch Unterstreichungen hervor.
- ☐ Mache logische Zusammenhänge durch Pfeile deutlich (→).
- ☐ Ordne deine Notizen optisch, z. B. durch Spiegelstriche oder Nummerierungen.
- ☐ Beginne für jeden Gedanken eine neue Zeile.
- ☐ Verwende Abkürzungen und Symbole (▷ S. 48).

b) Schreibe dein Protokoll. Achte hierbei auf die Untergliederung in Protokollkopf, Hauptteil und Schluss. Formuliere den Hauptteil, die eigentliche Niederschrift, sachlich und präzise. Die Tipps und Formulierungshilfen auf Seite 54 helfen dir dabei.

☑ Checkliste: Protokolle schreiben

- ☐ Enthält der **Protokollkopf** alle **notwendigen Informationen** (Anlass, Datum, Zeit, Ort, Anwesende, Abwesende, Protokollführer/-in, Thema, Tagesordnungspunkte/Unterrichtsinhalte)?
- ☐ Hast du an **Ort, Datum und Unterschrift am Ende** gedacht?
- ☐ Ist das Protokoll **sachlich formuliert** und enthält keine persönlichen Wertungen oder Kommentare?
- ☐ Hast du die **Inhalte** so **präzise** wiedergegeben, dass ein Schüler, der in der Stunde nicht anwesend war, den Unterrichtsstoff nachvollziehen kann?
- ☐ Gibt es überflüssige Details, die du streichen könntest?
- ☐ Hast du **abwechslungsreich formuliert** (▷ Formulierungshilfen auf S. 54)?
- ☐ Verwendest du durchgehend das **Präsens** (bei Vorzeitigkeit das Perfekt)?
- ☐ Hast du **keine wörtliche Rede** verwendet?

Präsentieren und Referieren

Präsentieren und Referieren

Eine Präsentation oder ein Referat vorbereiten und halten

In einer Präsentation oder in einem Referat informierst du deine Zuhörer über ein bestimmtes Thema. Dieses Kapitel gibt dir einen Überblick, welche Arbeitsschritte für die Vorbereitung einer Präsentation oder eines Referats wichtig sind. Zu jedem Arbeitsschritt findest du ein Beispiel, das dir zeigt, wie du vorgehen könntest.

1. Schritt: Thema erfassen und Leitfragen formulieren

Im ersten Arbeitsschritt musst du das Thema deiner Präsentation/deines Referats überdenken und Klarheit über den Inhalt und das Ziel deiner Präsentation/deines Referats gewinnen. Die folgenden Fragen helfen dir dabei:
- Worum geht es bei dem Thema schwerpunktmäßig?
- Welche Fragen sollte deine Präsentation/dein Referat beantworten?
- Was könnte deine Zuhörer an diesem Thema am meisten interessieren?
- Was wissen deine Zuhörer bereits über das Thema, was musst du erklären?
- Kannst du das Thema mit dem Unterricht verbinden?

1 *Überlege dir, was die Zuhörer an deinem Thema interessieren könnte.*
Notiere mit Hilfe des obigen Fragenkatalogs Stichpunkte und Leitfragen zu deinem Thema.
Beispiele:

Vorstellung eines Buches, z. B. des Romans „Die Mitte der Welt" von Andreas Steinhöfel
- Worum geht es in dem Buch? Welche Handlungsstränge sind wichtig? (Diese musst du zusammenfassen.)
- Wo und wann spielt die Handlung?
- Welche Personen spielen eine Rolle und in welcher Beziehung stehen sie zueinander?
- Wie wird erzählt (spannend, stark beschreibend, viele Dialoge …)?
- Welcher Textausschnitt ist für die Zuhörer interessant?
- Informationen zu Umfang und Preis des Buches.

Vorstellung einer berühmten Person, z. B. des Barockdichters Grimmelshausen
- Wann und wo wurde die Person geboren?
- Welche Personen und Ereignisse spielten in ihrem Leben eine wichtige Rolle?
- Welche äußeren Umstände prägten das Leben der Person?
- Welche wichtigen Lebensabschnitte gibt es?
- Welche Werke stammen von dieser Person und haben sie berühmt gemacht?
- Welches Werk bzw. welchen Werkausschnitt könnte man den Zuhörern zeigen bzw. vorlesen?

Vorstellung eines Landes
- Wo liegt das Land?
- Wie viele Einwohner hat das Land?
- Welche Sprache(n) wird/werden dort gesprochen?
- Wie sieht das Land aus (Landkarte!)? Gibt es geografische Besonderheiten (Gebirge, große Seen, wichtige Flüsse)?
- Welche wichtigen Städte und Sehenswürdigkeiten gibt es?
- Welche Religion(en) herrscht/herrschen in dem Land vor?
- Welche geschichtlichen Informationen sind wichtig?
- Welche Beziehungen pflegt das Land zu anderen Ländern?
- Welche wichtigen kulturellen Errungenschaften gibt es (Kunst, Literatur, Theater)?

2. Schritt: Informationsmaterial zum Thema einholen

Je nachdem, welches Präsentationsthema du hast, kommen unterschiedliche Informationsquellen in Frage, z. B.:
- Bücher (Nachschlagewerke, Fachbücher, Sachbücher, Reiseführer etc.)
- Zeitschriften und Zeitungen
- Internet und CD-ROMs
- öffentliche Organisationen, z.B. Umwelt- und Tierschutzorganisationen
- Befragung von Fachleuten

TIPP
- Das meiste Informationsmaterial findest du in der **Schul-** oder in der **Stadtbibliothek.**
- Viele **Organisationen** und **Einrichtungen** haben eine Seite im Internet, wo du dich informieren kannst.

Beachte: Das **Internet** allein kann dir meist nicht genug und oft auch keine ausreichend gesicherten Informationen liefern!

2 a) Überlege anhand der oben stehenden Informationen, welche Informationsquellen für dein Thema in Frage kommen.
b) Suche Informationsmaterial zu deinem Thema und lege dir eine Materialsammlung an. Notiere auch die Quellenangaben (Ort, wo du das Material gefunden hast). Beachte die unten stehenden Tipps zur Informationsrecherche.
HINWEIS: Kopiere wichtige Beiträge für deine Materialsammlung.
Beispiele:

Vorstellung eines Buches, z. B. des Romans „Die Mitte der Welt" von Andreas Steinhöfel
- besonders wichtig: das Buch selbst lesen
- Zeitungsartikel suchen, in denen das Buch besprochen wird, z. B. mit Hilfe des Internets

Vorstellung einer berühmten Person, z. B. des Barockdichters Grimmelshausen
- Lexika
- Biografie (Lebensbeschreibung) über die Person (hier Grimmelshausen)
- Nachschlagewerk/Buch über Literatur/Dichter des Barock
- Internet

Vorstellung eines Landes
- Lexika
- Reiseführer
- (Sach-)Bücher über das Land
- Atlas, Landkarte
- aktuelle Zeitungs- und Zeitschriftenbeiträge, die sich mit dem Land beschäftigen
- Internet

TIPP
Tipps zur Informationsrecherche
- **Bibliothek:** Der OPAC (Online Public Access Catalogue) gibt Auskunft über den gesamten Medienbestand der betreffenden Bibliothek und funktioniert ähnlich wie eine Suchmaschine im Internet. Auf dem Bildschirm erscheinen Suchmasken, hier kannst du verschiedene Suchbegriffe eingeben, z. B. ein bestimmtes Schlagwort, den Namen eines Autors oder Titels.
- **Bücher/Zeitschriften:** Das Inhaltsverzeichnis und/oder das Register zeigen dir, ob das Informationsmaterial für deine Zwecke brauchbar ist. Schreibe wichtige Informationen heraus und notiere dir die Textquelle. Kopiere wichtige Beiträge für deine Materialsammlung.
- **Lexika/Enzyklopädien:** In einem gedruckten Nachschlagewerk führen dich so genannte Querverweise (→) zu anderen Artikeln, in denen du weiterführende Informationen findest. In einem elektronischen Lexikon nennt man diese Querverweise Links.
- **Internet:** Um im Internet gezielt nach Informationen zu suchen, braucht man die Hilfe von Suchmaschinen, z. B. www.google.de. Um tatsächlich fündig zu werden, musst du dir geeignete Suchbegriffe überlegen. Die Suchmaschinen ordnen die gefundenen Links nach Wichtigkeit. Oft kann man an den Adressen und den mitgelieferten Kurzbeschreibungen erkennen, ob eine Seite brauchbar ist.

Präsentieren und Referieren

3. Schritt: Das Informationsmaterial auswerten

3 *Werte dein Informationsmaterial, das du z. B. in der Bibliothek oder im Internet gefunden hast, aus. Gehe dazu folgendermaßen vor:*
- *Lies den Text und **markiere** dir im Text und mit einem Fragezeichen am Rand unbekannte oder **unklare Begriffe**. Schlage diese Begriffe anschließend im Lexikon nach und schreibe jeweils eine knappe Erklärung an Stelle des Fragezeichens an den Rand.*
- *Lies den Text ein zweites Mal und **unterstreiche die wichtigsten Informationen.** Notiere am Rand Stichwörter, sodass du den Text überblicksartig erfassen kannst.*
- ***Gliedere den Text in Sinnabschnitte** und finde für jeden Abschnitt eine treffende Überschrift.*
- *Überlege, welche Informationen für dein Kurzreferat wichtig sind, und **fasse** sie mit eigenen Worten **zusammen.***

Hans Jakob Christoffel von Grimmelshausen wurde <u>um 1621</u> herum <u>in Gelnhausen in Hessen geboren</u>. In dieser Zeit wütete der <u>Dreißigjährige Krieg</u> in Deutschland, der das Leben des Dichters nachhaltig prägte. Grimmelshausens <u>Heimatstadt wurde 1634 geplündert und zerstört</u>. Als Kind bereits erlebte der Dichter die <u>Gräuel des Krieges</u> mit. In seinen <u>Werken</u> stellte er später die Leiden der Bevölkerung dar. So schildert er in seinem <u>Hauptwerk, dem Roman „Der abenteuerliche Simplicissimus"</u>, Überfälle und Plünderungen durch Soldaten …	geb. 1621 Dreißigjähriger Krieg? Kriegsgräuel spielen wichtige Rolle Hauptwerk „Simplicissimus"

4. Schritt: Die Präsentation/das Referat gliedern

4 *Erstelle eine Gliederung für den **Hauptteil** deiner Präsentation. Gehe so vor:*
- *Suche aus deiner Stoffsammlung zusammengehörige Informationen heraus und ordne diese nach sachlichen Gesichtspunkten.*
- *Streiche überflüssige Informationen, die nicht zu deinem Thema passen.*

> **TIPP**
> Für deine Präsentation/dein Referat musst du die Inhalte strukturieren. Diese Gliederung ist der „rote Faden" deiner Präsentation.

> **Hans Jakob Christoffel von Grimmelshausen**
> 1. Kindheit und Jugend
> 2. Beruflicher Werdegang
> 3. Arbeit als Schriftsteller
>   a) Übersicht über Werke
>   b) Wichtigstes Werk „Simplicissimus"
> 4. Einfluss des Dreißigjährigen Krieges auf Leben und Werk
> 5. Wirkung/Bedeutung von Grimmelshausen

5 *Die **Einleitung** soll das Interesse der Zuhörer wecken. Je nach Thema bieten sich hierbei unterschiedliche Möglichkeiten an. Überlege dir einen interessanten Einstieg für deine Präsentation, z. B.:*
- *Überblick über die Präsentation geben*
- *Bild/Plakat zeigen*
- *Zitat vorlesen*
- *Anschauungsobjekt zeigen*

6 *Der **Schluss** deiner Präsentation soll die wichtigsten Informationen noch einmal kurz und einprägsam zusammenfassen. Entwirf einen passenden Schluss für deine Präsentation, z. B.:*
- *kurze Zusammenfassung*
- *einen Ausblick geben*
- *deine Meinung zum Thema formulieren*
- *eine Diskussion anregen*

Eine Präsentation oder ein Referat vorbereiten und halten

5. Schritt: Das Anschauungsmaterial auswählen

Folgendes Anschauungsmaterial kannst du z. B. nutzen:

Anschauungsmaterial
- Folie/Tageslichtprojektor
- Bildbeispiele (Diaprojektor, Computer und Beamer)
- Tafelanschrieb (Thema, Namen, Daten, Fachbegriffe)
- Plakate, Bilder, Poster, Skizzen
- Landkarten
- Anschauungsobjekte (Modelle, Gegenstände etc.)
- Hörbeispiel (CD-Spieler)
- Filmausschnitt (DVD-Gerät und Beamer)

TIPP

Durch den Einsatz von Anschauungsmaterial wird deine Präsentation/dein Referat nicht nur abwechslungsreicher, sondern deine Zuhörer können sich auch die Informationen besser einprägen.

Hauptteil, Punkt 1: Kindheit und Jugend von Grimmelshausen
→ Bild von Grimmelshausen
→ ...

Hauptteil, Punkt 3b: Simplicissimus
→ Titelblatt des Romans

---

7 a) *Überlege, zu welchen Informationen deiner Präsentation du Anschauungsmaterial präsentieren könntest, und suche nach geeignetem Material.*
b) *Prüfe, welche technischen Hilfsmittel (Tageslichtprojektor, DVD-Gerät, Notebook etc.) du benötigst und worauf du beim Einsatz besonders achten musst (z. B., ob die technischen Geräte verfügbar sind, du evtl. Hilfe bei der Bedienung brauchst etc.).*

6. Schritt: Die Vortragskarten anfertigen

8 *Erstelle für deine Präsentation Vortragskarten. Gehe folgendermaßen vor:*
- *Nimm große Karteikarten, mindestens in Postkartenformat (DIN A6).*
- *Beschrifte die Karteikarten nur einseitig und achte auf eine gut lesbare Schrift.*
- *Notiere in einer bestimmten Farbe (z. B. Rot), wann du welche Anschauungsmaterialien zeigen willst.*
- *Nummeriere deine Karteikarten in der entsprechenden Reihenfolge.*

Hauptteil, Punkt 1   2

Kindheit und Jugend
– geb. ca. 1621 in Gelnhausen (Hessen)
   → Landkarte mit Geburtsort zeigen
...

TIPP

Deine Präsentation solltest du möglichst frei vortragen. Damit du aber während des Vortrags nichts vergisst, fertigst du dir Vortragskarten an.

7. Schritt: Den Vortrag üben

9 *Nimm deine Vortragskarten, die du für dein Referat angefertigt hast, und übe den Vortrag und den Einsatz des Anschauungsmaterials:*
- *Formuliere zu den Stichpunkten mündlich ganze Sätze.*
- *Übe mehrmals und trage zum Schluss deine gesamte Präsentation (mit Zeigen des Anschauungsmaterials) einer Freundin/einem Freund oder deinen Eltern vor. Vielleicht bekommst du hier noch Hinweise, was dir gut gelungen ist und was du noch üben solltest.*

TIPP

Tipps für den Vortrag
- Sprich langsam und deutlich und versuche, Pausen zu machen.
- Blicke dein Publikum an, dann siehst du, ob es Zwischenfragen gibt.
- Versuche, möglichst frei vorzutragen.

Einen Deutschtest (Jahrgangsstufentest Deutsch) schreiben

Einen Deutschtest (Jahrgangsstufentest Deutsch) schreiben

> Zu Beginn der 8. Klasse wirst du einen Deutschtest schreiben. Dabei kannst du prüfen, wie sicher du in dem Fach Deutsch bist und wo du mit deinen Leistungen innerhalb der Klasse liegst. In diesem Kapitel lernst du einen solchen Deutschtest kennen.

Was ist ein Deutschtest?

Anders als bei den Schulaufgaben geht es bei dem Deutschtest nicht darum, einen Aufsatz zu schreiben, sondern du sollst hier dein Wissen im Fach Deutsch auf anderen Gebieten unter Beweis stellen. Der Deutschtest besteht aus **vier** Teilen:

1. Teil (Kompetenzbereich I): Aufgaben zu einem vorgegebenen **Text** und einer **Tabelle, einer Grafik oder einer Karte**, die deine Lesefähigkeit und dein Textverständnis überprüfen
2. Teil (Kompetenzbereich II): Aufgaben zur **Ausdrucksfähigkeit**, die deine sprachlichen Ausdrucksmöglichkeiten prüfen
3. Teil (Kompetenzbereich III): Aufgaben zur **Rechtschreibung und zur Zeichensetzung**
4. Teil (Kompetenzbereich IV): Aufgaben zur **Grammatik**

Für jede richtig gelöste Aufgabe bekommst du Punkte. Daraus wird dann deine Note berechnet.

Wie kann ich mich vorbereiten?

Auf den Deutschtest, vor allem auf die Teile 3 (Rechtschreibung und Zeichensetzung) und 4 (Grammatik), kannst du dich vorbereiten.

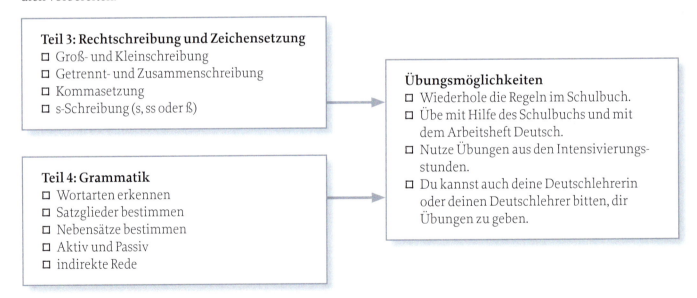

Wie kannst du mit der folgenden Einheit für den Deutschtest im nächsten Schuljahr üben?

Gehe folgendermaßen vor:
- Arbeite den gesamten Test durch.
- Nimm dir mindestens fünf Minuten Zeit, den Text auf Seite 61 zu lesen.
- Nimm dir 70 Minuten Zeit, um die Aufgaben (▷ 62–71) zu lösen.
  - Lies dir die Aufgabenstellung aufmerksam durch. Kläre genau, was gefragt ist.
  - Arbeite mit der Uhr. Bleibe nicht an einer Aufgabe „hängen".
  - Löse am Schluss die Aufgaben, die du noch nicht bearbeitet hast.

Die Piktogramme (Zeichen) neben den Aufgaben bedeuten:

 Achte auf die Zeit, arbeite zügig!

 Achtung, schwierige Aufgabenstellung! Lies dir die Aufgabe noch einmal durch und denke genau nach.

Giovanni Boccaccio

Der Koch und der Kranich

Currado Gianfigliazzi war einer der angesehensten Bürger unsrer Vaterstadt. Eines Tages hatte er mit Hilfe eines Falken einen Kranich erbeutet und da dieser ein junges, fettes Tier war, übersandte er ihn seinem venezianischen Koch Chichibio und ließ ihm sagen, er solle den Kranich zum Abendessen braten. Chichibio, der genauso ein Windhund war, wie er aussah, machte den Kranich zurecht und brachte ihn zu Feuer.

Als der Vogel schon einen köstlichen Duft verbreitete, betrat ein Mägdlein namens Brunetta, in die Chichibio ganz vernarrt war, die Küche. Sie roch sogleich den herrlichen Bratenduft und bat Chichibio in den zärtlichsten Tönen, ihr doch eine Keule des Vogels zu schenken. Chichibio aber sang ihr in die Ohren: „Von mir kriegt Ihr sie nicht! Von mir kriegt Ihr sie nicht, Donna Brunetta!" Das gab im Handumdrehen einen langen Wortwechsel, an dessen Ende Chichibio seiner Liebsten, mit der er es nicht verderben wollte, wirklich eine Keule überreichte.

Bald darauf wurde der Kranich mit nur einer Keule Currado und einigen Gästen vorgesetzt. Verwundert ließ Currado seinen Koch hereinrufen und fragte ihn, wo die zweite Keule geblieben sei. Der Strolch aus Venedig antwortete prompt: „Herr, die Kraniche haben nur eine Keule und auch nur ein Bein." Verblüfft rief Currado: „Was? Meinst du etwa, dass ich außer diesem hier noch keinen Kranich gesehen habe?" Chichibio fuhr fort: „Herr, wenn Ihr es nicht glauben wollt, will ich es Euch an einem lebenden Vogel zeigen." In Anbetracht der Gäste hatte Currado wenig Lust, den Streit fortzusetzen, und sagte deswegen: „Wenn du mir das an lebenden Kranichen zu zeigen vermagst, so will ich mich zufriedengeben. Ich schwöre dir aber, wenn deine Behauptung nicht zutrifft, wirst du einen solchen Denkzettel erhalten, dass du dich zeitlebens daran erinnern wirst." Damit war die Angelegenheit für diesen Abend beendet.

Am folgenden Morgen befahl Currado, der seinen Ärger keineswegs verschlafen hatte, die Pferde vorzuführen. Er ritt mit Chichibio auf einen großen Fluss zu, an dessen Ufern man fast täglich im Morgengrauen Kraniche anzutreffen pflegte, und sprach: „Jetzt wird sich gleich herausstellen, wer gestern gelogen hat, du oder ich!" Chichibio, der wohl bemerkte, dass der Zorn Currados noch nicht verraucht war, wusste sich keinen Rat und hätte sich am liebsten davongemacht.

In der Nähe des Flusses entdeckte er am Flussufer wohl gut ein Dutzend Kraniche, die schliefen und deshalb alle auf einem Bein standen. Chichibio zeigte auf sie und sagte: „Herr, wenn Ihr die Vögel dort anschaut, könnt Ihr klar erkennen, dass Kraniche wirklich nur einen Schenkel und ein Bein haben!" Currado ritt näher an die Tiere heran und schrie: „Ho! Ho!" Aufgescheucht stellten die Kraniche den zweiten Fuß nieder, einige flogen davon. Currado wandte sich zu Chichibio um und rief: „Nun, du Fresssack?" Chichibio aber antwortete: „Herr, den von gestern Abend habt Ihr nicht mit ‚Ho! Ho!' angeschrien. Sonst hätte jener Kranich bestimmt ebenso wie diese das andere Bein herausgestreckt!"

Currado blickte starr auf seinen Koch – doch dann belustigte ihn diese Antwort so sehr, dass sein Zorn sich doch noch in Gelächter und gute Laune verwandelte, und er rief: „Chichibio, du hast Recht! Das hätte ich freilich tun sollen!"

Einen Deutschtest (Jahrgangsstufentest Deutsch) schreiben

1. Teil (Kompetenzbereich I): Textzusammenfassung und Textverständnis   33 Punkte gesamt

Aufgaben zum Text „Der Koch und der Kranich" (▷ S. 61) und zu einer Karte (▷ S. 65)

Aufgabe 1   6 Punkte

*Jeweils **einer** der folgenden Vorschläge erfasst den **Kerngedanken** eines ganzen Abschnitts aus dem Text „Der Koch und der Kranich" (▷ S. 61). Kreuze diesen an.*

Abschnitt 1 (▷ Z. 1–10)
- [ ] Der Koch, ein listiger „Windhund"
- [ ] Das Jagdglück des Herrn Gianfigliazzi
- [ ] Der Auftrag an den Koch
- [ ] Die Falkenjagd

Abschnitt 2 (▷ Z. 11–22)
- [ ] Brunetta und die Keule
- [ ] Brunettas List
- [ ] Chichibios Leichtsinn
- [ ] Chichibio gibt nach

Abschnitt 3 (▷ Z. 23–33)
- [ ] Wie Chichibio seinen Herrn überlistet
- [ ] Wie Chichibio seinen Kopf aus der Schlinge zieht
- [ ] Wie Currado seinem Koch mit Strafe droht
- [ ] Wie den Koch eine Ausrede in Gefahr bringt

Abschnitt 4 (▷ Z. 34–39)
- [ ] Eine bedrohliche Situation
- [ ] Der neugierige Currado
- [ ] Herr und Koch zurück zum Tatort
- [ ] Die zornige Currado

Abschnitt 5 (▷ Z. 40–47)
- [ ] Chichibios wohlüberlegte Antwort
- [ ] Chichibios Rettung – schlafende Kraniche
- [ ] Chichibios rettender Einfall
- [ ] Chichibio kommt mit dem Schrecken davon

Abschnitt 6 (▷ Z. 48–50)
- [ ] Die witzige Antwort
- [ ] Gelächter über einen Witz
- [ ] Der Lohn der Schlagfertigkeit
- [ ] Die gute Laune des Herrn

    Punkte

Aufgabe 2   4 Punkte

⚠ *Überprüfe die folgenden Aussagen anhand des Textes „Der Koch und der Kranich" (▷ S. 61) und überlege dann bei jeder Aussage, ob sie richtig ist, falsch ist oder mit Hilfe des Textes nicht überprüft werden kann. Kreuze jeweils das Zutreffende an. Setze jeweils ein Kreuz.*

	richtig	falsch	Angaben nicht im Text enthalten
Nur weil Chichibio seine geliebte Brunetta nicht enttäuschen wollte, dachte er sich den verwegenen Plan mit der Kranichkeule aus.	[ ]	[ ]	[ ]
Chichibio wusste zunächst nicht, wie er der Bestrafung entgehen könnte.	[ ]	[ ]	[ ]
Kraniche waren in Italien eine sehr seltene, aber äußerst beliebte Jagdbeute.	[ ]	[ ]	[ ]
Currados Vermutung, was mit der einen gebratenen Kranichkeule geschehen ist, ist falsch.	[ ]	[ ]	[ ]

    Punkte

62

Einen Deutschtest (Jahrgangsstufentest Deutsch) schreiben

Aufgabe 3
5 Punkte

Was bedeuten die unterstrichenen Ausdrücke jeweils im Textzusammenhang?
Kreuze das Zutreffende an.

a) In Zeile 20 heißt es: „im Handumdrehen". Das beutet hier:

- [ ] nach und nach
- [ ] rasch
- [ ] überraschenderweise
- [ ] handgreiflich

b) In Zeile 21 f. heißt es, der Koch wolle es sich mit Brunetta „nicht verderben". Das bedeutet hier:

- [ ] Er hat Angst, sie könne das Gericht verderben.
- [ ] Er möchte nicht, dass sich das Verhältnis zu Brunetta verschlechtert.
- [ ] Er will nur das Beste für Brunetta.
- [ ] Er will nicht, dass Brunetta hungrig weggehen muss.

c) In Zeile 28 f. heißt es „In Anbetracht der Gäste". Das bedeutet hier:

- [ ] Aus Sorge um die Gäste
- [ ] Wegen der Gäste
- [ ] Trotz der Gäste
- [ ] Ungeachtet der Gäste

d) In Zeile 25 heißt es, dass Chichibio „prompt" antwortete. Das bedeutet hier:

- [ ] schlagfertig
- [ ] selbstsicher
- [ ] zögerlich
- [ ] hastig

e) In Zeile 34 heißt es, dass Currado „seinen Ärger keineswegs verschlafen" habe. Das bedeutet hier:

- [ ] Sein Ärger ist nicht geringer geworden.
- [ ] Currado hat vor, sich zu rächen.
- [ ] Currado ist vor Ärger heute früher aufgestanden.
- [ ] Currado weiß sich vor Ärger kaum zu beherrschen.

Punkte

Aufgabe 4
2 Punkte

Kreuze an, wie man den jeweiligen Satz in Übereinstimmung mit dem Text sinnvoll fortsetzen kann.
*Setze **zwei** Kreuze.*

Currado bestraft seinen venezianischen Koch Chichibio nicht,

- [ ] obwohl dieser mit einer Strafe rechnet.
- [ ] weil Chichibio durch eine pfiffige Antwort seinen Herrn milde stimmt.
- [ ] sodass er seine gut bezahlte Stelle als Koch behalten kann.
- [ ] damit die Gäste nicht Zeugen des Streits werden müssen.
- [ ] da er dem Koch eine Chance geben will, seine Unschuld zu beweisen.

Punkte

Einen Deutschtest (Jahrgangsstufentest Deutsch) schreiben

Aufgabe 5 — 2 Punkte

Im fünften und im sechsten Textabschnitt (▷ S. 61, Z. 40–50) finden sich viele Stellen in wörtlicher Rede.
Kreuze an, warum die wörtliche Rede hier auftaucht.
Setze zwei Kreuze.

☐ Der Leser soll unmittelbar in das erzählte Geschehen hineingezogen werden.

☐ Der Leser soll einen direkten Eindruck von den Figuren bekommen.

☐ Der Leser soll das erzählte Geschehen mit Distanz betrachten.

☐ Der Leser soll wissen, dass das erzählte Geschehen tatsächlich so passiert ist.

Punkte

Aufgabe 6 — 5 Punkte

Bei literarischen Texten kann man nicht nur die Handlung betrachten, man kann auch untersuchen, welche Funktionen die einzelnen Handlungsabschnitte haben.
Kreuze bei allen Aussagen das jeweils Zutreffende für den Text „Der Koch und der Kranich" (▷ S. 61) an.

	richtig	falsch
Der erste und zweite Abschnitt (▷ Z. 1–22) erzählen die Vorgeschichte für den Streit zwischen Currado und dem Koch Chichibio.	☐	☐
Nach dem Höhepunkt im fünften Abschnitt (▷ Z. 40–47) dient der sechste Abschnitt (▷ Z. 48–50) lediglich zum Spannungsabbau.	☐	☐
Der erste (▷ Z. 1–10) und der sechste Abschnitt (▷ Z. 48–50) bilden einen Rahmen.	☐	☐
Der zweite Abschnitt (▷ Z. 11–22) ist eine Ausschmückung und für den Handlungsverlauf verzichtbar.	☐	☐
Die Abschnitte drei, vier und fünf (▷ Z. 23–47) bilden den Kern der Geschichte.	☐	☐

Punkte

Aufgabe 7 — 2 Punkte

Das wesentliche Merkmal eines erzählenden Textes ist der Erzähler. Er kann ganz in den Hintergrund des Geschehens rücken, er kann aber auch das Erzählte kommentieren und seine Einstellung gegenüber dem Erzählten deutlich machen.
Suche zwei Stellen aus dem Text „Der Koch und der Kranich" (▷ S. 61) heraus, an denen deutlich wird, wie der Erzähler den Koch Chichibio einschätzt. Schreibe nur diese Stellen, bestehend aus ein paar Wörtern, heraus und notiere die entsprechenden Zeilenangaben.

1. Textstelle: (Z. _____): _____

_____

_____

2. Textstelle: (Z. _____): _____

_____

_____

Punkte

64

Einen Deutschtest (Jahrgangsstufentest Deutsch) schreiben

Die folgende Karte zeigt, welche Flugroute die Kraniche in ihre Winterquartiere zurücklegen und wo ihre Brut- und Rastgebiete sind.

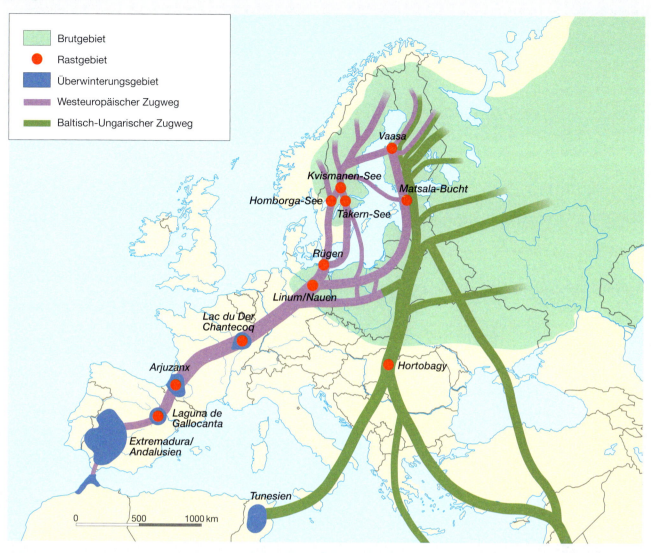

Aufgabe 8 5 Punkte

Entscheide anhand der oben stehenden Karte bei jeder Aussage, ob sie richtig ist, falsch ist oder mit Hilfe der Karte gar nicht überprüft werden kann. Kreuze jeweils das Zutreffende an.

	richtig	falsch	Angaben in der Tabelle nicht enthalten
Kraniche sind Zugvögel, die nur in Europa, Asien und Nordafrika anzutreffen sind.	☐	☐	☐
Außer in Großbritannien und Irland können Kraniche in allen Staaten Europas beobachtet werden.	☐	☐	☐
Brut-, Rast- und Überwinterungsgebiete kann man klar voneinander unterscheiden.	☐	☐	☐
Den Alpenhauptkamm können Kraniche offensichtlich nicht überwinden.	☐	☐	☐
Das Erstaunliche an Kranichen ist, dass sie immer wieder dieselbe Flugroute in ihr festgelegtes Winterquartier finden.	☐	☐	☐

Punkte

Einen Deutschtest (Jahrgangsstufentest Deutsch) schreiben

2. Teil (Kompetenzbereich II): Aufgaben zur Ausdrucksfähigkeit   23 Punkte gesamt

Aufgabe 9   7 Punkte

*Der folgende Text enthält **sieben** Ausdrucksfehler. Unterstreiche diese und verbessere sie in der Zeile daneben. Der Sinn des Textes darf dabei nicht verändert werden.*

Herbstzug der Kraniche

Alljährlich im Oktober und November können Naturgefährten an vie-   _____

len Orten Deutschlands ein beeindruckendes Schauspiel ergründen.   _____

Kraniche ziehen auf unterschiedlichen Routen in ihre Winterresidenz.   _____

Eng beisammen, so wie ein V, fliegen sie wie auf einer Luftstraße nach   _____

5   Süden; man nennt diese Weise des Vogelzuges deshalb auch „Schmal-   _____

frontzug". Dabei orientieren sie sich an Bergen, Kirchtürmen und Bin-   _____

nenseen. Auf ihrer Flugstrecke kennen sie jeden Rast- und Futtersitz.   _____

Bei uns in Deutschland befinden sich die riesigsten Kranichsammel-   _____

plätze an der Ostseeküste; hier ruhen bereits zu Anfang Oktober rund   _____

10   40 000 der eleganten Vögel.   _____

Punkte

Aufgabe 10   9 Punkte

⚠ *Ersetze die **neun** unterstrichenen Ausdrücke durch im Textzusammenhang bedeutungsgleiche Formulierungen und schreibe sie in die Zeile daneben. Ersetzte hierbei die **Fremdwörter durch** bedeutungsgleiche **deutsche Ausdrücke** und **die deutschen Ausdrücke durch** bedeutungsgleiche **Fremdwörter.***

Kraniche haben den Menschen schon immer <u>beeindruckt</u> und seine   _____

<u>Einbildungskraft</u> beflügelt. In China ist der Kranich ein <u>Sinnbild</u> für   _____

langes Leben. Man glaubte auch, dass die Seelen Verstorbener von Kra-   _____

nichen zum Himmel <u>transportiert</u> würden. Auch im alten Ägypten   _____

genossen Kraniche allergrößtes <u>Prestige</u> und wurden den Göttern ge-   _____

opfert, aber auch gerne verspeist. In Europa galten sie lange Zeit als   _____

Wetter<u>verkünder</u>, und dies nicht ganz grundlos, denn das Flug- und   _____

Rastverhalten ist ein <u>Indikator</u> für die Wetterverhältnisse und ermög-   _____

licht recht <u>exakte</u> <u>Prognosen</u> für das Wetter der folgenden Tage.   _____

Punkte

66

Einen Deutschtest (Jahrgangsstufentest Deutsch) schreiben

Aufgabe 11   4 Punkte

Kreuze an, welche Bedeutung für die jeweilige Redewendung zutreffend ist.

a) Es nutzt nichts, deswegen die Flügel hängen zu lassen.

☐ verbittert zu sein

☐ entmutigt zu sein

☐ verzweifelt zu sein

☐ erbost zu sein

b) Das ist ja ein komischer Kauz.

☐ ein lustiger Typ

☐ eine verdächtige Person

☐ ein merkwürdiger Mensch

☐ eine auffällige Erscheinung

c) Der redet so, wie ihm der Schnabel gewachsen ist.

☐ Der redet ohne Hemmungen.

☐ Der redet unverständlich.

☐ Der muss aufpassen, was er sagt.

☐ Der redet Dialekt.

d) Dem haben sie die Flügel gestutzt.

☐ Dem wurde die Flugreise gestrichen.

☐ Der hat einen schweren Unfall erlitten.

☐ Seine Mitarbeiter haben ihn beim Chef angeschwärzt.

☐ Er musste Kritik an sich und seinem Tatendrang hinnehmen.

Punkte

Aufgabe 12   3 Punkte

*Finde einen Ausdruck, der im jeweiligen Satz das **Gegenteil** des unterstrichenen Wortes bedeutet, und schreibe ihn in die Zeile daneben.*

a) Die Kampagne zum Schutz der Kraniche wurde rechtzeitig angekündigt.

_____

b) Bei den Veranstaltungen wurde der Vortrag eines spanischen Biologen besonders gelobt.

_____

c) Im nächsten Jahr sollen noch mehr Mittel für den Kranichschutz zur Verfügung stehen.

_____

Punkte

Einen Deutschtest (Jahrgangsstufentest Deutsch) schreiben

3. Teil (Kompetenzbereich III): Aufgaben zu Rechtschreibung und Zeichensetzung   23 Punkte gesamt

Aufgabe 13   9 Punkte

Im folgenden Text sind neun Rechtschreibfehler. Unterstreiche sie und verbessere sie in der Zeile daneben. Eigennamen sind korrekt geschrieben.

Giovanni Boccaccio, der Autor der Novelle „Der Koch und der Kranich"

Giovanni Boccaccios Vater war ein Kaufmann, der

gleichermassen auf sein Geschäft wie auf sein Vergnügen

bedacht war. In Paris versicherte er einer jungen Witwe, dass

er ein Adliger sei, und verdrehte ihr den Kopf. Bei Giovanni

5   Boccaccios Geburt 1313 floh der Vater aus der Stadt. Erst

nach dem Tod der Mutter wurde Giovanni von seinem Vater

nach Florenz geholt und entgültig als Sohn anerkant.

Schon als vierzehnjähriger wurde er nach Neapel geschickt,

um den Beruf des Kaufmanns zu erlernen. Die Jahre in

10   Neapel hatten einen großen Einfluß auf die Entwicklung

Giovanni Boccaccios. Anstatt sich mit dem Studium der

Handelstätigkeit zu beschäftigen, wie es der Vater gewollt

hatte, widmete er sich der Literatur. Er verliebte sich in ein

verheiratetes Mädchen, für das er vieleicht seine schöns-

15   ten Gedichte verfasste.

Erst 1340 konnte Boccaccio nach Florenz zurück kehren

und trat dort in den Staatsdienst ein. Gleichzeitig setzte er

seine Arbeit als Schriftsteler fort, die ihm großen Ruhm

einbrachte. Zulezt, vor seinen Tod 1375, ging es dem

20   inzwischen bekannten Dichter gesundheitlich, aber auch

matteriell so schlecht, dass sein Dichterfreund Petrarca

ihm sogar 50 Gulden für einen Wintermantel vermachte.

Punkte

68

Einen Deutschtest (Jahrgangsstufentest Deutsch) schreiben

Aufgabe 14   8 Punkte

 Setze, wenn es notwendig ist, in die Lücken des folgenden Textes einen oder zwei Buchstaben ein. Beachte die korrekte Schreibung.

Boccaccios Hauptwerk, da_____ in Florenz entstand, trägt den Titel „Dekameron". Den Namen „Dekameron" konstru_____rte Boccaccio aus den griechischen Wörtern „deka" (zehn) und „hemera" (Tag). Der Titel des Buches hat eine Verbindung zum Inhalt: Sieben adlige Frauen und drei Herren bege_____ben sich mit ihrer Dienerschaft auf ein Landgut, weil in der Sta_____ Florenz eine verh_____rende Pestepidemie wütet. Dort erzä_____lt jeder von ihnen täglich eine intere_____ante Geschichte, um die anderen zu unterhalten – zehn Tage lang. Nach zehn Tagen und zehn mal zehn Geschichten bricht die Gruppe wieder _____ichtung Florenz auf.

_____ Punkte

Aufgabe 15   6 Punkte

*Setze in den folgenden Text die **sechs fehlenden Kommas** deutlich erkennbar ein. Mehr als sechs Kommas ergeben null Punkte.*

Die folgenden Zitate stammen aus dem „Dekameron" dem Hauptwerk von Giovanni Boccaccio:
Wir sehen jedoch täglich dass dasjenige was uns am meisten Vergnügen macht wenn wir es in gar zu großem Übermaße genießen uns oft am ersten Überdruss verursacht.
Wer tugendhaft lebt und handelt der legt seinen Adel an den Tag.

_____ Punkte

Einen Deutschtest (Jahrgangsstufentest Deutsch) schreiben

4. Teil (Kompetenzbereich IV): Aufgaben zur Grammatik	18 Punkte gesamt
Aufgabe 16	**8 Punkte**

Wandle bei den folgenden Sätzen jeweils das unterstrichene Satzglied in einen Nebensatz um und bestimme diesen Nebensatz möglichst genau (lateinische Fachbegriffe).

Beispiel:

Mittels vielfältiger Methoden erforschen Wissenschaftler heute das Verhalten der Kraniche.

Indem sie/die Wissenschaftler vielfältige Methoden anwenden, erforschen die Wissenschaftler/sie heute ...

→ Modalsatz

a) Wegen der Kälte und der Nahrungsmittelknappheit im Norden machen sich die Kraniche im Herbst auf den Weg in den Süden.

b) Durch Fußringe mit Funksendern können die Wissenschaftler die Flugroute der Kraniche genauer verfolgen.

c) Viele Forscher befürchten eine Zerstörung der Rast- und Überwinterungsplätze.

d) Durch die intensive Arbeit vieler Naturschutzvereine hat sich die Anzahl der Kraniche in den letzten Jahren ständig erhöht.

Punkte

70

Einen Deutschtest (Jahrgangsstufentest Deutsch) schreiben

Aufgabe 17
6 Punkte

Setze die folgenden Sätze in die indirekte Rede. Verwende die Umschreibung mit „würde" nur dann, wenn es sich nicht umgehen lässt.

In einem Vortrag äußerte sich ein Wissenschaftler, der über Kraniche forscht, folgendermaßen:

a) „In den letzten Jahren übt Nordostfrankreich eine immer größere Anziehungskraft auf die Kraniche aus."

_____

_____

_____

b) „Obwohl dieses Gebiet in einer relativ kühlen Klimazone liegt, gibt es dort, in der Nähe von St. Dizier, im Winter immer mehr Kraniche."

_____

_____

_____

c) „Unser Ziel ist es, diesen Ort nun dauerhaft für die Kraniche zu schützen."

_____

_____

Punkte

Aufgabe 18
4 Punkte

Wandle die folgenden Sätze vom Aktiv ins Passiv bzw. vom Passiv ins Aktiv um. Achte darauf, nichts wegzulassen und im vorgegebenen Tempus zu bleiben.

a) In den letzten Jahren störten Spaziergänger, Hundebesitzer mit ihren kläffenden Vierbeinern und Jogger immer wieder die ruhebedürftigen Kraniche in ihren Rastgebieten.

_____

_____

_____

b) Kraniche sollen aber von den Menschen in Zukunft mit mehr Verständnis behandelt werden, damit die für den langen Flug notwendigen Ruhepausen von den Tieren auch genutzt werden können.

_____

_____

_____

Punkte

Autoren- und Textquellenverzeichnis

S. 3: Ludwig van Beethoven. nach: Schülerduden Musik. Dudenverlag, Mannheim 2000, S. 46;
S. 5: Rainer Köthe: Im Reich der Töne. Aus: Akustik. Tessloff Verlag, Nürnberg 2006, S. 4–7;
S. 11: Ullrich Dewald: Das absolute Gehör ist gewöhnlicher als gedacht. Aus: http://www.wissenschaft.de/wissenschaft/hintergrund/203457.html (26.09.2008);
S. 13: Thomas Mann: Buddenbrooks. Aus: Ders. Fischer Verlag, Frankfurt a. Main 1989, S. 729;
S. 15: Muriel Spark: Die Blütezeit der Miss Jean Brodie. Übersetzt von Peter Naujack. Diogenes Verlag, Zürich 2003;
S. 24: Erich Junge: Der Sieger. Aus: Westermann Monatshefte, Nr. 5/58 von 1958;
S. 37: Vera Spothen: Klassenfahrt in die Gefahr. Aus: Süddeutsche Zeitung, 23.06.2003;
S. 45: Laborschule: Lernlandschaften in Bielefeld. Nach: http://www.wdr.de/themen/kultur/bildung_und_erziehung/brennpunkt_schule/praxis_schule/laborschule/index.jhtml (05.01.2008);
S. 50: Andreas Gryphius: Es ist alles eitel. Aus: Werke in einem Band. Aufbau-Verlag, Berlin/Weimar 1969;
S. 61: Giovanni Boccaccio: Der Koch und der Kranich. Nach: Giovanni Boccaccio: Das Dekameron. Übersetzt von Ruth Macci. Aufbau-Verlag Berlin/Weimar 1982, S. 468–470

Bildquellenverzeichnis

S. 3: ullstein bild – Lebrecht Music & Arts Photo Library;
S. 11: © A1PIX/ AGB;
S. 28: ullstein bild – Wodicka;
S. 39: fotolia - © Laurent Bonnaud;
S. 59: ullstein bild – TopFoto;
S. 65: Dr. Volkhard Binder, Berlin

Redaktion: Kirsten Krause
Bildrecherche: Eireen Junge

Illustrationen: Uta Bettzieche
Umschlaggestaltung: Katrin Nehm
Layoutkonzept: Katharina Wolff
Layout und technische Umsetzung: werkstatt für gebrauchsgrafik, Berlin

www.cornelsen.de

1. Auflage, 2. Druck 2010

© 2009 Cornelsen Verlag, Berlin

Das Werk und seine Teile sind urheberrechtlich geschützt.
Jede Nutzung in anderen als den gesetzlich zugelassenen Fällen bedarf
der vorherigen schriftlichen Einwilligung des Verlages.
Hinweis zu den §§ 46, 52 a UrhG: Weder das Werk noch seine Teile dürfen ohne eine
solche Einwilligung eingescannt und in ein Netzwerk eingestellt oder sonst öffentlich
zugänglich gemacht werden.
Dies gilt auch für Intranets von Schulen und sonstigen Bildungseinrichtungen.

Druck: Himmer AG, Augsburg

ISBN 978-3-464-60389-5

 Inhalt gedruckt auf säurefreiem Papier aus nachhaltiger Forstwirtschaft.

Gymnasium Bayern

Deutschbuch
Schulaufgabentrainer

Lösungen **8**

Seite 3

1 b) **Ludwig van Beethoven** *(1770–1827)*

„Bester Herr Graf, Sie sind ein Schaf!", schrieb er einst einem seiner Auftraggeber ins Stammbuch. Kein Komponist vor ihm hätte sich so etwas erlauben dürfen. Und <u>wie kein anderer vor ihm verkörperte Ludwig van Beethoven den Typ des freien, autonomen Künstlers, womit er die Rolle des Komponisten grundlegend veränderte: Vor ihm führten die Komponisten, wie z. B. Haydn und Mozart, Auftragsarbeiten für die Fürstenhöfe und die Kirchen aus und waren im Grunde auf die mehr zufällige, häufig wechselnde Gunst ihrer fürstlichen oder kirchlichen Dienstherren angewiesen.</u> *Beethoven gelang es, ohne feste Anstellung durch die Veröffentlichung und Aufführung seiner Werke finanziell* <u>unabhängig zu sein.</u>
Ludwig van Beethoven war der <u>Sohn einer Musikerfamilie, deren Vorfahren aus Flandern, dem heutigen Belgien, kamen.</u> *Das niederländische „van" im Namen zeugt also* <u>nicht von adliger Herkunft, sondern ist eine Ortsbezeichnung.</u>
Geboren 1770 in der kurfürstlichen Residenzstadt <u>Bonn, erlebte Beethoven eine Kindheit, die geprägt war von einem ärmlichen und trostlosen Familienalltag mit einem dem Alkohol ergebenen Musikervater, der den Siebenjährigen zum Wunderknaben am Klavier „abrichten" wollte.</u>
In Wien trat Beethoven 1795 erstmals öffentlich auf und genoss als Pianist und Improvisator, Lehrer und Komponist bald hohes Ansehen. Der Sommer 1802 war mit der tiefsten Erschütterung seines Lebens verbunden: der Einsicht in den allmählichen <u>Verlust seines Hörvermögens, der gegen 1819</u> *zur völligen Taubheit führte und Beethoven zunehmend vereinsamen ließ.*

Seite 4

2 *autonom (Z. 5): selbstständig, unabhängig*
Residenzstadt (Z. 19): Stadt, in der der Fürst lebt und regiert
Improvisator (Z. 25): Musiker, der nicht nach vorgegebenen Noten, sondern frei spielt

3 ☐ *Beethoven war ein herausragender Pianist.*   *r*
   ☐ *Von seinem Charakter her war er stets liebenswürdig und zuvorkommend.*   *n*
   ☐ *Beethoven wuchs in armen Verhältnissen auf.*   *r*
   ☐ *Als Beethoven seine bekanntesten Werke komponierte, war er bereits taub.*   *n*

4 a) *zum Beispiel:*
   Beethoven ist der erste Komponist, der unabhängig von fürstlichen oder kirchlichen Auftragsarbeiten leben kann und sich allein durch die Veröffentlichung und Aufführung seiner Werke seinen Lebensunterhalt verdient.
   b) *Der Vater von Beethoven will aus seinem Sohn einen Wunderknaben am Klavier machen und übt damit großen Druck auf ihn aus.*

5 *zum Beispiel:*
Beethoven ist der erste Komponist, der unabhängig von fürstlichen oder kirchlichen Auftragsarbeiten leben kann und sich allein durch die Veröffentlichung und Aufführung seiner Werke seinen Lebensunterhalt verdient. Damit wird er zum Sinnbild eines neuen Komponistentyps, der sich als freier, unabhängiger Künstler versteht.
Beethoven entstammt einer Musikerfamilie, die ihre Wurzeln in Flandern, dem heutigen Belgien, hat, weshalb das „van" im Namen eine Orts- und keine Adelsbezeichnung ist.
Er wird 1770 in Bonn geboren, wächst in ärmlichen Verhältnissen auf und erlebt eine schwierige Kindheit, denn sein Vater will aus dem Sohn einen Wunderknaben am Klavier machen und übt damit großen Druck auf Ludwig van Beethoven aus.
In Wien tritt Beethoven 1775 das erste Mal öffentlich auf und wird bald zu einem angesehenen Pianisten, Improvisator und Lehrer. Weil er aber allmählich sein Hörvermögen verliert, bis er schließlich 1819 völlig taub ist, vereinsamt er zunehmend.

Seite 5

1 b) *zum Beispiel:*

Rainer Köthe: Im Reich der Töne   *Autor, Titel*

Tag und Nacht sind unsere Ohren im Einsatz. Ein ungewöhnliches Geräusch reißt uns selbst aus tiefem Schlaf.   *Stellenwert des Hörsinns*
Dennoch denken wir nur selten über den Hörsinn und seine Leistungen nach. <u>Wie aber sähe das menschliche Le-</u>   *Leben ohne Hörsinn*
<u>ben ohne ihn aus? Es wäre auf jeden Fall gefährlicher.</u> *Beim Überqueren einer Straße würden wir weder das Ge-*   *gefährlicher*
räusch des herannahenden Autos hören noch sein warnendes Hupen. Niemand würde Hilferufe eines Ertrinken-   *(Beispiele)*
den oder Verletzten bemerken. Eine Mutter könnte das Weinen oder Schreien ihres Kindes nicht wahrnehmen.
Und kein knackender Zweig, kein Rascheln im Gras hätte vor Jahrmillionen unsere frühen Vorfahren rechtzeitig
vor einem anschleichenden Feind gewarnt. <u>Ohne Hörsinn wäre unser Leben aber auch viel ärmer.</u> *Wir würden*   → *Verlust an Lebens-*
kein Lachen hören, kein Pfeifen, keine Freudenrufe. Auch die Stimmen der Natur wären für uns verstummt: das   *qualität (Beispiele)*

1

Rauschen und Plätschern von Wasser, das Singen der Vögel, das Zirpen der Grillen, das Krähen des Hahns oder das Miauen der Katze. Wir müssten auf die angenehmen Gefühle verzichten, die uns Musik vermittelt. Und noch wichtiger: Es gäbe keine gesprochene Sprache. Wir hätten ein ganz anderes Mittel entwickeln müssen, um unseren Mitmenschen eigene Erlebnisse, Erkenntnisse und Erfahrungen mitzuteilen. Gleiches gilt für die Schrift, denn sie ist letztlich nur dauerhaft festgehaltene Sprache. Man muss sich nur für einen Moment vorstellen, der Hörsinn wäre ausgefallen – was kann man dann alles nicht mehr tun? Bei starken Erkältungen zum Beispiel kann auch das Hören beeinträchtigt sein. Wer es einmal erlebt hat, kennt das damit verbundene unangenehme Gefühl nur zu gut – zum Glück hält es meist nur wenige Tage an. So störend der Lärm auch ist, dem wir alltäglich ausgesetzt sind – eine Welt ganz ohne Töne wäre noch viel schlimmer. ⌐

Gegenstände, die Töne oder Geräusche, also Schall, erzeugen, haben alle eines gemeinsam: In oder an ihnen schwingt etwas. Beim Berühren mit den Fingerspitzen ist dieses Schwingen oft deutlich zu spüren – etwa an der Gitarrensaite, am gezupften Gummiband, an der Lautsprecherbox, beim Klopfen auf eine Trommel oder eine Tür und sogar an der eigenen Kehle beim Sprechen oder Summen. Umgekehrt lassen sich auch sonst eher lautlose Gegenstände in Schallquellen verwandeln, wenn man sie zum Schwingen bringt. Hält man zum Beispiel ein Plastiklineal mit einem Ende auf dem Tisch fest und zupft am überstehenden Ende, sodass es schwingt, erzeugt es einen Ton. Und je kürzer das freie Ende ist, desto rascher schwingt das Lineal. Wir empfinden dann den Ton als höher. Schwingt das Lineal dagegen langsamer, hören wir einen tieferen Ton. Beim Zupfen am Gummiband kann man das Gleiche beobachten: Schwingungen erzeugen Schall. Und je rascher die Schwingung ist, desto höher klingt der Ton. Die Tonhöhe steigt mit der Anzahl der Schwingungen pro Sekunde. ⌐

Natürlich vibrieren nicht alle Gegenstände so schön gleichmäßig wie eine Saite. Die Bruchteile eines auf dem Boden zersplitternden Glases schwingen ebenfalls, aber in ganz unterschiedlicher, völlig ungeordneter Weise – ähnlich wie zum Beispiel laufende Motoren, Wasserfälle oder zuknallende Türen. Deshalb erzeugen all diese Schallquellen keinen reinen Ton, sondern nur ein Geräusch – eine wirre Mischung aus ganz verschiedenen Tönen unterschiedlicher Lautstärken und Tonhöhen. ⌐

Dass es unsere Ohren sind, mit denen wir hören, ist klar – schon ein kleines Kind merkt, dass man viel schlechter hört, wenn man sich die Ohren zuhält. Doch wie kommt eigentlich Schall von irgendeiner – vielleicht weit entfernten Schallquelle – in unser Ohr? Hat womöglich die uns alle umgebende Luft etwas damit zu tun? Das wollte um 1760 der englische Naturforscher Robert Boyle genau wissen. Er befestigte in einem Glasgefäß eine kleine Glocke, die man von außen über einen Hebel anschlagen konnte. Dann pumpte er die Luft aus dem Gefäß heraus. Tatsächlich wurde der Glockenton während des Pumpens immer leiser und verstummte schließlich ganz, obwohl man durch das Glas hindurch sehen konnte, dass die Glocke angeschlagen wurde. Je mehr Luft er anschließend wieder ins Gefäß ließ, desto lauter wurde auch der Glockenton. Es ist also meist die Luft, die den Schall zum Ohr trägt. Wie jeder Taucher weiß, kann aber auch Wasser den Schall leiten, eine Eigenschaft, die es etwa Walen oder Delfinen ermöglicht, sich unter Wasser zu verständigen. Die gute Schallleitung fester Stoffe nutzten früher zum Beispiel Indianer, wenn sie ihr Ohr auf die Schiene pressten, um einen noch kilometerweit entfernten Zug zu hören. ⌐

Der Schall erfordert also ein Medium (z. B. Luft, Wasser, Metall, Holz etc.), das die Schallschwingungen übertragen kann. Normalerweise hören wir Schall, der durch die Luft übertragen wird. Der Schall pflanzt sich in der Luft auf ähnliche Weise fort, wie sich Kreise auf einer Wasseroberfläche ausbilden, wenn man einen Stein hineinwirft. Ohne die Übertragung des Schalls durch die Luft könnten wir kein Wort, keine Musik und kein Geräusch hören.

Aus: Rainer Köthe: Akustik. Tessloff Verlag, S. 4–7

Randnotizen:

Keine Sprache oder Schrift → Kommunikation unmöglich eigene Erfahrung bei Beeinträchtigung des Hörsinns (z. B. bei Erkältung)

Töne oder Geräusche (= Schall) werden durch Schwingungen erzeugt Beispiele: Lineal, Gummiband → je schneller die Schwingung, desto höher der Ton

gleichmäßige Schwingungen = reiner Ton ungeordnete Schwingungen = Geräusch

Ohren als Hörorgan Wie wird Schall an das Ohr übermittelt? Experiment von Robert Boyle um 1760: kein Ton im luftleeren Raum

→ Luft leitet normalerweise Schall, aber auch Wasser oder andere feste Stoffe

Schall braucht Medium, sonst nicht hörbar

Hinweis: Man kann den Text auch in kleinere Sinnabschnitte gliedern, z. B.:
1. Abschnitt (Z. 1–10); 2. Abschnitt (Z. 10–20); 3. Abschnitt (Z. 20–26); 4. Abschnitt (Z. 26–34); 5. Abschnitt (Z. 34–42);
6. Abschnitt (Z. 42–48); 7. Abschnitt (Z. 48–53); 8. Abschnitt (Z. 53–60); 9. Abschnitt (Z. 60–66); 10. Abschnitt (Z. 66–72).

Seite 7

2

Schreibplan:

1. Abschnitt (Z. 1–26): Ein Leben ohne Hörsinn
- Gefahren können nicht mehr erkannt werden, die Lebensqualität würde gemindert werden, es gäbe keine gesprochene Sprache und keine Schrift (keine Kommunikation)
- → eine Welt ohne Töne ist kaum vorstellbar

2. Abschnitt (Z. 26–42): Die Entstehung des Schalls
- Töne und Geräusche sind Schall, er wird durch Schwingungen erzeugt (z. B. Lineal, Gummiband); Schwingungen sind oft auch über den Tastsinn wahrnehmbar
- → je schneller die Schwingungen sind, desto höher ist der Ton

3. Abschnitt (Z. 42–48): Unterschied zwischen Geräusch und reinem Ton
- gleichmäßige Schwingungen = reiner Ton (z. B. Saite)
- ungeordnete Schwingungen = Geräusch (z. B. zerbrechendes Glas, Wasserfälle)

> **4. Abschnitt (Z. 48–66): Übermittlung des Schalls an das Ohr**
> - Schall wird über die Ohren wahrgenommen
> - Robert Boyle hat in einem Experiment um 1760 bewiesen, dass der Schall durch die Luft an das Ohr übermittelt wird
> - neben der Luft können auch Wasser oder feste Stoffe den Schall transportieren
>
> **5. Abschnitt (Z. 66–72): Zusammenfassung**
> - Schall braucht Medium, sonst nicht hörbar; normalerweise wird Schall durch Luft übertragen
> - ohne Luft könnten wir keine Geräusche oder Töne wahrnehmen

Seite 8

3

- *In dem Text werden verschiedene Grundlagen und Versuche erklärt, damit man die Welt des Schalls besser versteht.*
- *In dem Text geht es darum, warum und wie der Mensch etwas hört.*
- **X** *Der Text macht die Bedeutung des Hörens für den Menschen deutlich und erklärt, wie Schall entsteht und an unser Ohr übermittelt wird.*
- *In dem Text wird erklärt, wie der Schall zu unserem Ohr übertragen wird.*
- *In dem Text wird dargestellt, wie gefährlich und traurig es wäre, wenn man nichts mehr hören könnte.*

4

Autor(en): *Rainer Köthe*
Titel des Textes: *Im Reich der Töne*
Textsorte: *informierender Sachtext*
Quelle/entnommen aus: *Akustik, Tessloff Verlag, S. 4–7*
Thema/Kernaussage des Textes: *Der Text macht die Bedeutung des Hörsinns für den Menschen deutlich und erklärt, wie Schall entsteht und an unser Ohr übermittelt wird.*

Seite 9

5

- ☐ *Obwohl zu viel Lärm als sehr unangenehm empfunden werden kann, wäre eine Welt ohne Töne sicher noch verstörender.*
- ☐ *Robert Boyle unternahm ein Experiment, <u>um</u> die Ausbreitung der Schallwellen zu untersuchen.*
  Oder: Weil/Da Robert Boyle die Ausbreitung der Schallwellen untersuchen wollte, unternahm er ein Experiment.
- ☐ *Bei einem Geräusch gibt es unterschiedliche Schallquellen, <u>sodass</u> wir hier keinen einzelnen Ton wahrnehmen, <u>sondern</u> eine wirre Mischung aus verschiedenen Tönen hören.*
  Oder:
  Bei einem Geräusch gibt es unterschiedliche Schallquellen, <u>jedoch</u> nehmen wir hier keinen einzelnen Ton wahr, <u>sondern</u> hören eine wirre Mischung aus verschiedenen Tönen.
- ☐ *Auch andere Stoffe wie Metall, Holz oder Wasser können Schall leiten, <u>sodass</u> sich Wale und Delfine zum Beispiel unter Wasser verständigen können.*

Seite 10

6

Tag und Nacht sind unsere Ohren im Einsatz – wie die Polizei. Könnten wir überhaupt leben, ohne zu hören? Das Leben wäre jedenfalls risikoreicher, denn unsere Ohren warnen uns vor vielen Gefahren im Alltag. Außerdem würde das Leben ohne Gehör keinen Spaß machen. Viele schöne Dinge oder Gefühle hätten wir nicht mehr. Und man könnte auch mit niemandem reden oder etwas schreiben. Dies kann jeder nachvollziehen, der beispielsweise bei einer Erkältung eine Beeinträchtigung des Hörvermögens hat.	*nichts wörtlich übernehmen* *persönliche Kommentare vermeiden; Fragestellung nicht erfasst* *Umgangssprache vermeiden* *Was? Bezug unklar*
Im Folgenden werden die Entstehung und die Übermittlung des Schalls erklärt. Gegenstände erzeugen <u>Schall. Sie schwingen dann.</u> Das kann man manchmal spüren. <u>Zum Beispiel bei einer Trommel oder an der eigenen Kehle.</u> Je schneller etwas schwingt, desto höher ist der Ton. Das kann man mit einem Lineal ausprobieren. Auch an einem Gummiband sieht man das.	*Zusammenhang nicht klar* *kein vollständiger Satz* *zu verkürzt dargestellt, fehlende Satzverbindungen, um Zusammenhang zu verdeutlichen*
Man kann zwischen Tönen und Geräuschen unterscheiden. Bei einem Ton sind die Schwingungen schön gleichmäßig. Bei einem Geräusch <u>geht alles hässlich durcheinander.</u> <u>Eine Saite macht einen Ton, ein Motor macht ein Geräusch.</u>	*keine Umgangssprache* *Beispiele unklar, zu verkürzt*
Mit den Ohren nehmen wir den Schall wahr. Die Schallwellen werden von der Schallquelle zum Ohr normalerweise durch die Luft übertragen. <u>Dies beweist ein Experiment.</u> Jedoch kann Schall nicht nur durch die Luft, sondern auch durch andere Stoffe wie Holz, Wasser oder Metall übertragen werden. <u>Auf alle Fälle braucht</u> der Schall ein Medium, das die Schallschwingungen überträgt. <u>Das kannst du ausprobieren, wenn du wie ein Indianer dein Ohr auf eine Schiene legst.</u>	*genauer, Detailinformationen fehlen* *nicht genau genug* *Leser nicht ansprechen, überflüssig*

3

Lösungsheft

7   *zum Beispiel:*   *Gründe, warum diese Inhaltsangabe gut ist:*

Der informierende Sachtext „Im Reich der Töne" von Rainer Köthe stammt aus dem Buch „Akustik", das im Tessloff Verlag erschienen ist, und steht dort auf den Seiten 4 bis 7. In dem Text werden die Bedeutung des Hörens für den Menschen sowie dessen physikalische Grundlagen dargelegt.

Um den Stellenwert des Hörsinns deutlich zu machen, wird zunächst dargestellt, wie ein Leben ohne ihn aussähe. Ein Leben ohne Gehör wäre auf jeden Fall risikoreicher, da uns unsere Ohren vor vielen Gefahren im Alltag warnen. Zudem würde ein Verlust des Hörsinns auch einen Verlust an Lebensqualität bedeuten: Viele angenehme Dinge, wie zum Beispiel Musik, könnten nicht mehr wahrgenommen werden und auch eine Kommunikation durch Sprache oder Schrift wäre nicht mehr möglich, sodass insgesamt eine Welt ohne Töne eigentlich kaum vorstellbar ist. Dies kann jeder nachvollziehen, der beispielsweise bei einer Erkältung eine Beeinträchtigung seines Hörvermögens erfährt.

Dann werden die Entstehung und die Übermittlung des Schalls erklärt. Töne und Geräusche sind Schall und jede Art von Schall wird durch Schwingungen erzeugt. Bringt man einen Gegenstand, zum Beispiel eine Gitarrensaite oder ein Lineal, zum Schwingen, entsteht ein Ton. Diese Schwingungen sind oft auch über den Tastsinn wahrnehmbar. Dabei besteht ein Zusammenhang zwischen der Anzahl der Schwingungen pro Sekunde und der Tonhöhe: je schneller die Schwingungen, desto höher der Ton. Außerdem unterscheidet man zwischen Tönen und Geräuschen. Gleichmäßige Schwingungen erzeugen einen Ton, zum Beispiel ist dies bei einer klingenden Saite der Fall. Im Gegensatz dazu besteht ein Geräusch, zum Beispiel ein laufender Motor, aus einer Mischung von unterschiedlichsten Schwingungen.

Im Folgenden wird erklärt, wie der Schall an unsere Ohren übermittelt wird. Die Ohren sind das Organ, mit dem wir Schall wahrnehmen. Die Übermittlung der Schallwellen von der Schallquelle zum Ohr erfolgt normalerweise über die Luft. Dies hat der englische Naturforscher Robert Boyle um 1760 in einem Experiment bewiesen: Mittels einer Glocke in einem Glasgefäß, aus dem sich die Luft abpumpen lässt, hat er gezeigt, dass sich der Schall im luftleeren Raum nicht ausbreiten kann, denn der Glockenton ist im luftleeren Raum nicht mehr hörbar gewesen, obwohl die Glocke angeschlagen worden ist.

Schall benötigt also immer ein Medium, das die Schallschwingen überträgt, um hörbar zu sein. Im Normalfall ist dies Luft, jedoch kann Schall auch durch Wasser oder feste Stoffe transportiert werden.

☐ *Die **Einleitung** informiert über Autor, Titel, Quelle, Textsorte und benennt die Kernaussage des Textes.*

☐ *Im **Hauptteil** werden die wichtigsten Informationen in eigenen Worten knapp und sachlich zusammengefasst, die Zeitform ist das Präsens (bei Vorzeitigkeit Perfekt).*

☐ *Durch passende Satzverknüpfungen wird der gedankliche Zusammenhang der Informationen dargestellt (Ursache und Wirkung, zeitliche Zusammenhänge etc.).*

Seite 12

1   *Das absolute Gehör ist gewöhnlicher als gedacht*
    von: Ulrich Dewald

Wenn Diana Deutsch einen Ton auf einem Klavier hört, weiß sie sofort, ob ein C, ein Cis oder ein F erklingt. Es ist für sie nicht ungewöhnlicher, als das Rot einer Blume oder das Blau eines Pullovers zu erkennen. So selbstverständlich, dass sie sich über die 99,99 Prozent der Bevölkerung wundert, die nicht bei jedem Ton gleich an die entsprechende Note denken. Die Psychologin an der Universität in San Diego hat ein absolutes Gehör. Und sie hat diese erstaunliche Fähigkeit zu ihrem Forschungsgebiet gemacht. ⌐

Nur einer von zehntausend hat ein Tonhöhengedächtnis, wie Forscher es nennen. Doch nicht nur deshalb stehen Menschen mit dieser Fähigkeit immer ein wenig im Ruf der Genialität, sondern auch der illustren Gesellschaft wegen, in der sie sich befinden: Wolfgang Amadeus Mozart zeigte diese Begabung schon als Siebenjähriger. Auch andere Komponisten wie Beethoven, Bach, Händel und Chopin oder begnadete Solisten und Dirigenten wie Solti, Menuhin und Rubenstein hörten absolut. Da liegt der Schluss nahe, das absolute Gehör sei eine ebenso außergewöhnliche wie mysteriöse Fertigkeit. ⌐

Doch diesem Klischee haben Diana Deutsch und eine Reihe anderer Wissenschaftler in den vergangenen Jahren einige Kratzer verpasst. Immer mehr Forschungsarbeiten weisen darauf hin, dass die Fähigkeit, sich Tonhöhen exakt zu merken, eigentlich gar nicht so ungewöhnlich ist – im Gegenteil. Möglicherweise kann es fast jedes Kleinkind: Die Psychologin Jenny Saffran von der Universität in Madison (USA) spielte acht Monate alten Babys lange Folgen glockenähnlicher Töne vor und konnte anhand eines Tests zeigen, dass sie in der Lage waren, die absolute Höhe von Tönen im Gedächtnis zu behalten.

Ein Tonhöhengedächtnis könnte eine wichtige Rolle in den ersten Lebensmonaten spielen, wenn im Gehirn die Grundlagen für das Erkennen von Worten und das Sprechen gelegt werden, vermutet Deutsch. Mit der Weiterentwicklung des Sprechvermögens geht dann aber das absolute Gehör bei den meisten Menschen offenbar zum größten Teil wieder verloren. Statt des absoluten Gehörs besitzen sie daher das so genannte relative Gehör, das nur die Relation der Töne zueinander und nicht ihre absolute Höhe berücksichtigt. Im Alltag ist das nützlicher. So kommt es etwa bei gesprochener Sprache nicht darauf an, wie hoch jemand spricht – ob mit einem Männerbass oder einem Frauensopran. Wichtig sind die Änderungen der Tonhöhe. Wahrscheinlich geht deshalb bei den meisten Menschen das absolute Gehör verloren. ⌐

Diana Deutsch vermutet nun, dass bei den Menschen mit absolutem Gehör im musikalischen Sinn die Phase des absoluten Hörens bis in ein Alter andauerte, in dem sie bereits Musikunterricht genommen hatten. Nur dann konnten sie auch lernen, die gespeicherten Tonhöhen mit Notenwerten zu benennen.

Bestätigt wird diese Annahme durch eine Studie von Wissenschaftlern der Universität San Francisco, die 600 Musiker nach ihrem Werdegang befragten. Vierzig Prozent aller Musiker, die bereits mit vier Jahren mit der musikalischen Ausbildung begonnen hatten, hörten absolut. Hatten sie dagegen erst mit neun Jahren mit dem Musizieren begonnen, waren es nur noch drei Prozent. Diese Zahlen verdeutlichen zudem, dass es so gut wie unmöglich ist, sich als Erwachsener noch ein absolutes Gehör anzutrainieren. ⌐

Ein weiterer Faktor für den Erhalt des absoluten Gehörs ist die Beschaffenheit der Muttersprache. Darauf deuten Versuche hin, die Deutsch und ihre Kollegen mit Menschen gemacht haben, die so genannte Tonsprachen sprechen. Das sind – im Unterschied z. B. zum Deutschen, Englischen oder Französischen – viele asiatische Sprachen, bei denen die Tonhöhe selbst, in der ein Wort ausgesprochen wird, über dessen Bedeutung entscheidet. In dem chinesischen Standarddialekt Mandarin beispielsweise kann das Wort „ma" je nach Tonhöhe vier verschiedene Bedeutungen haben: „Mutter", „Pferd", „Hanf" und „schimpfen".

Die Psychologen machten Sprachaufnahmen von 15 Mandarin sprechenden Versuchspersonen und stellten fest, dass diese ihren Wortschatz ebenfalls in absoluten Tonhöhen gespeichert hatten. Auch sie hörten absolut, auch wenn sie die Tonhöhen nicht benennen konnten wie ein Musiker. Da diese Fähigkeit für den Gebrauch ihrer Sprache nützlich war, ist sie ihnen über ihre Kindheitsjahre hinaus erhalten geblieben. Tonsprachen sorgen also dafür, dass sich die Fähigkeit zur Tonhöheneinschätzung im Kindesalter nicht verliert.

Deutsch und ihre Kollegen nehmen daher an, dass Musiker mit einer solchen Tonsprache als Muttersprache überdurchschnittlich häufig ein absolutes Gehör besitzen. Eine Studie mit Musikstudenten aus China soll diese Vermutung nun bestätigen.

Quelle: www.wissenschaft.de (Wissenschaftsmagazin im Internet)

2   **Autor:** *Ulrich Dewald*
Titel des Textes: *Das absolute Gehör ist gewöhnlicher als gedacht*
Textsorte: *informierender Sachtext/Forschungsbericht*
Quelle/entnommen aus: *Wissenschaftsmagazin im Internet (www.wissenschaft.de)*
Thema/Kernaussage des Textes: *Der Text fasst aktuelle Forschungsergebnisse zum Phänomen des absoluten Gehörs beim Menschen zusammen.*

3   *zum Beispiel:*

Schreibplan:

1. Abschnitt (Z. 1–10): Psychologin Diana Deutsch erforscht absolutes Gehör
- Psychologin Diana Deutsch von der Universität San Diego verfügt über das absolute Gehör (d. h. die Fähigkeit, einem gehörten Ton eine Note zuzuordnen) → sie erforscht dieses Phänomen

2. Abschnitt (Z. 11–22): Annahme: absolutes Gehör ist seltene Fähigkeit
- seltene Fähigkeit: nur 1:10 000
- bei vielen berühmten Musikern zu finden, wird deshalb oft als unerklärliche, außergewöhnliche Fähigkeit angesehen

3. Abschnitt (Z. 23–50): Das absolute Gehör ist keine ungewöhnliche Fähigkeit
- Ergebnis von Forschungsarbeiten: absolutes Gehör ist häufiger als gedacht, bei Kleinkindern sehr ausgeprägt
- → Erklärung: absolutes Gehör wichtig beim anfänglichen Spracherwerb, geht später verloren, weil es für die Alltagskommunikation eher hinderlich ist
- → statt absolutes Gehör besitzen die meisten Menschen ein relatives Gehör

4. Abschnitt (Z. 51–66): Gründe für das absolute Gehör
1) Diana Deutsch vermutet: wenn Phase des absoluten Hörens bis ins Alter andauert, in dem Musikunterricht genommen wird, dann entsteht absolutes Gehör im musikalischen Sinne; Tonhöhen können mit Notenwerten in Verbindung gebracht werden
   - Bestätigung durch eine an 600 Musikern durchgeführte Studie an der Universität in San Francisco
   - für Erwachsene ist absolutes Gehör fast nicht mehr zu erlernen
2) weiterer Faktor für absolutes Gehör: Beschaffenheit der Muttersprache
   - bei Sprechern von Tonhöhensprachen (Sprachen, in denen Tonhöhe über Wortbedeutung entscheidet, z. B. asiatische Sprachen) ist absolutes Gehör überdurchschnittlich häufig
- → Erklärung: Fähigkeit des absoluten Gehörs ist nützlich für den Sprachgebrauch, deshalb bleibt das absolute Gehör über das Kindesalter hinaus erhalten

5. Abschnitt (Z. 67–93): Weitere Studie in China
- Vermutung: Musiker mit Tonhöhensprache als Muttersprache müssten überdurchschnittlich häufig absolutes Gehör im musikalischen Sinne haben
- → eine weitere Studie in China soll dies bestätigen

---

4   *zum Beispiel:*   **Gründe, warum diese Inhaltsangabe gut ist:**

Der informierende Sachtext von Ulrich Dewald mit dem Titel „Das absolute Gehör ist gewöhnlicher als gedacht" ist in einem Wissenschaftsmagazin im Internet auf der Seite www.wissenschaft.de erschienen. Er fasst aktuelle Forschungsergebnisse zum Phänomen des absoluten Gehörs beim Menschen zusammen.

Der Begriff „absolutes Gehör" bezeichnet die Fähigkeit mancher Menschen, einem gehörten Ton eine absolute Tonhöhe bzw. eine Note zuordnen zu können. Die Psychologin Diana Deutsch verfügt selbst über diese Fähigkeit und hat sie zu ihrem Forschungsgebiet an der Universität San Diego gemacht.

Nur einer von 10 000 Menschen hat ein absolutes Gehör. Auf Grund dieser Seltenheit und auf Grund der Tatsache, dass viele berühmte Musiker über ein absolutes Gehör verfügt haben, wird diese Fähigkeit oft als ein unerklärliches und außergewöhnliches Phänomen angesehen.

Nun haben aber Diana Deutsch und andere Wissenschaftler in ihren Forschungsarbeiten herausgefunden, dass ein absolutes Gehör gar keine so ungewöhnliche Fähigkeit ist und bei den meisten Kleinkindern sogar im Normalfall vorliegt. Hierfür haben die Wissenschaftler folgende Erklärung: Ein absolutes Gehör ist hilfreich beim frühkindlichen Spracherwerb. Weil es aber für die spätere Kommunikation eher hinderlich ist, geht das absolute Gehör zu Gunsten eines relativen Gehörs verloren. Das relative Gehör, das die meisten Menschen besitzen, erfasst nur die Relation der Töne zueinander, nicht ihre absolute Höhe.

Im Folgenden wird ausgeführt, welche Gründe es für den Erhalt des absoluten Gehörs bis in das Erwachsenenalter hinein gibt. Diana Deutsch glaubt, dass das absolute Gehör dann bis in das Erwachsenenalter erhalten bleibt, wenn noch in der frühkindlichen Phase des absoluten Hörens Musikunterricht genommen wird. In diesem Fall können die Tonhöhen mit Notenwerten in Verbindung gebracht werden.

☐ *Die **Einleitung** informiert über Autor, Titel, Quelle, Textart und benennt die Kernaussage des Textes.*

☐ *Im **Hauptteil** werden die wichtigsten Informationen in eigenen Worten knapp und sachlich zusammengefasst, die Zeitform ist das Präsens (bei Vorzeitigkeit Perfekt).*

☐ *Durch passende Satzverknüpfungen wird der gedankliche Zusammenhang der Informationen dargestellt (Ursache und Wirkung, zeitliche Zusammenhänge etc.).*

Lösungsheft

Diese Annahme wird durch eine Studie bestätigt, die an der Universität in San Francisco mit 600 Musikern durchgeführt worden ist. Damit wird auch deutlich, dass Erwachsene sich ein absolutes Gehör im Nachhinein kaum noch aneignen können. Ein weiterer Faktor für das absolute Gehör ist die Muttersprache. Untersuchungen mit Sprechern so genannter Tonhöhensprachen haben ergeben, dass diese, wenn auch nicht im musikalischen Sinne, ein absolutes Gehör haben. Tonhöhensprachen, wie die meisten asiatischen Sprachen, sind Sprachen, in denen die Tönhöhe über die Wortbedeutung entscheidet. Da in diesem Fall die Fähigkeit eines absoluten Gehörs nützlich für den Sprachgebrauch ist, bleibt dieses über das Kindesalter hinaus erhalten.

Dies legt die Vermutung nahe, dass sich unter den Sprechern von Tonhöhensprachen auch überdurchschnittlich häufig Menschen finden, die über ein absolutes Gehör im musikalischen Sinne verfügen. Deshalb sollen weitere Untersuchungen an chinesischen Musikstudenten diese Annahme belegen.

Seite 13

2 einmütig (Z. 1): zusammen, gemeinsam, gleichzeitig
schnürte ihm die Kehle zusammen (Z. 5): machte ihm Angst, verursachte ihm ein Unwohlsein, er fühlte sich bedrängt/unwohl/voller Angst
saphirblau (Z. 15–16): intensiver Blauton, tiefblau (Saphir = Edelstein mit tiefblauer Färbung)
Wollen Sie die Güte haben? (Z. 16–17): höfliche Aufforderung, etwas zu tun (hier spöttisch verwendet)

Seite 14

3 zum Beispiel:

Thomas Mann
Buddenbrooks
Es ward still in der Klasse und alles stand einmütig auf, als Oberlehrer Doktor Mantelsack eintrat. Er war der Ordinarius und es war Sitte, vor dem Ordinarius Respekt zu haben. [...]
Abermals stieg ein Widerwille, eine Art von Brechreiz in Hanno Buddenbrook auf und schnürte ihm die Kehle zusammen. Gleichzeitig aber beobachtete er mit entsetzlicher Klarheit, was vor sich ging. Doktor Mantelsack malte heftig ein Zeichen von böser Bedeutung hinter Mummes Namen und sah sich dann mit finsteren Brauen in seinem Notizbuch um. Aus Zorn ging er zur Tagesordnung über, sah nach, wer eigentlich an der Reihe war, es war klar! Und als Hanno von dieser Erkenntnis gerade gänzlich überwältigt war, hörte er auch schon seinen Namen, hörte ihn wie in einem bösen Traum.
„Buddenbrook!" – Doktor Mantelsack hatte „Buddenbrook" gesagt, der Schall war noch in der Luft und dennoch glaubte Hanno nicht daran. Ein Sausen war in seinen Ohren entstanden. Er blieb sitzen.
„Herr Buddenbrook!", sagte Doktor Mantelsack und starrte ihn mit seinen saphirblauen, hervorquellenden Augen an, die hinter scharfen Brillengläsern glänzten ... „Wollen Sie die Güte haben?"
Gut, also es sollte so sein. So hatte es kommen müssen. Ganz anders, als er sich gedacht hatte, aber nun war dennoch alles verloren. Er war nun gefasst. Ob es wohl ein sehr großes Gebrüll geben würde?

4

A Worum geht es in dem Text?
- ▨ Tätigkeit eines Lehrers
- ✗ negatives Schulerlebnis
- ▨ positives Schulerlebnis
- ▨ Schule früher

B Welche Atmosphäre herrscht in dem Text?
- ▨ ausgelassen
- ▨ freudig
- ▨ gleichgültig
- ▨ melancholisch
- ▨ traurig
- ✗ beklemmend

C Kreuze an, wie du die einzelnen Personen charakterisieren würdest.
Schüler Hanno Buddenbrook
- ▨ selbstbewusst
- ✗ unsicher
- ▨ fröhlich
- ✗ resigniert

Lehrer Doktor Mantelsack
- ✗ streng, autoritär
- ▨ gutmütig
- ▨ verständnisvoll
- ✗ feindselig

D Aus welcher Erzählperspektive wird das Geschehen erzählt?
- ▨ allwissender (auktorialer) Erzähler
- ✗ Erzähler, der aus der Sicht einer Person erzählt (personaler Erzähler)
- ▨ sachlich berichtender (neutraler) Erzähler

E Wie stellt der Erzähler das Geschehen dar?
- ▨ kritisch
- ✗ einfühlsam
- ▨ humorvoll
- ▨ sachlich-nüchtern

6

Lösungsheft

Seite 18

2   a) zum Beispiel:

☐ *Zaungäste eines keimenden Streites zu sein (Z. 19 f.):* Die Schüler merken, dass sich Miss Brodie und Miss Mackay nicht verstehen und dass sich ein Streit zwischen den beiden entwickeln wird.
☐ *ungebetene Gäste (Z. 26):* Personen, die stören würden
☐ *Höhe meiner Lebenskraft (Z. 47):* die Zeit im Leben eines Menschen, in der er aktiv und erfolgreich ist
☐ *Blütezeit (Z. 49):* eine Zeit, in der man aktiv und schöpferisch ist, in der man genügend Kräfte und Antrieb hat, um das zu erreichen, was wichtig erscheint (ähnlich wie „Höhe meiner Lebenskraft", vgl. Z. 47)
☐ *voll ausschöpfen (Z. 50):* ausnutzen, zu Nutze machen, verwerten
☐ *fiel auf dem Feld von Flandern (Z. 81 f.):* Er kam als Soldat während des Krieges in Flandern um.
☐ *Landmann (Z. 87):* ein einfacher, bodenständiger Mann

b) Zeile 22/23: Ort der Handlung wechselt und es wird ein Zeitsprung gemacht (die Handlung setzt zu einem späteren Zeitpunkt wieder ein)
Zeile 38/39: Zeitsprung (die Handlung setzt zu einem späteren Zeitpunkt wieder ein) und eine neue Handlung setzt ein
Zeile 69/70: Zeitsprung wird gemacht und es setzt eine neue Handlung ein (Rückblende in die Vergangenheit, denn Miss Brodie berichtet aus ihrem Leben)
Zeile 105/106: eine Person (Miss Mackay) kommt hinzu

3   zum Beispiel:
☐ Miss Jane Brodie ist eine Lehrerin an einer Mädchenschule in England und unterrichtet Englisch und Geschichte in einer Klasse mit etwa zehnjährigen Mädchen.
☐ Miss Mackay ist die Direktorin der Schule und kontrolliert die Unterrichtsweise von Miss Brodie.

4   zum Beispiel:

Miss Brodie eigenwillige Auffassung von Erziehung	**Miss Mackay** herkömmliche Auffassungen von Erziehung, gegen die Miss Brodie verstößt
☐ Sie unterrichtet nicht mit den Lehrbüchern (werden nur zur Tarnung aufgeschlagen), sondern erzählt den Schülerinnen von ihren Reisen, Erlebnissen und ihren Lebensansichten.	☐ Das Lehrbuch soll durchgearbeitet werden. Es gilt der Lehrplan (Geschichte, Literatur, Grammatik).
☐ Sie verlässt das Klassenzimmer und unterrichtet in der Natur (unter einem Baum auf dem Schulgelände).	☐ Der Unterricht findet im Klassenzimmer statt.
☐ Miss Brodie riskiert lieber etwas, um Neues zu erfahren und neue Eindrücke zu erhalten (vgl. Z. 13–14: „Aber Sicherheit geht nicht vor. Güte, Wahrheit und Schönheit sind wichtiger.").	☐ Sicherheit geht vor.
☐ Schülerinnen sollen ergriffen sein von dem, was Miss Brodie ihnen erzählt. Sie sollen sich aus den Erzählungen ein Beispiel nehmen für ihr eigenes Leben.	☐ Zehnjährige Mädchen weinen nicht über eine Geschichte.
☐ Miss Brodie erzählt ihren Schülerinnen von ihrem eigenen Urlaub, um den Schülerinnen zu vermitteln, was man erleben kann und was die Welt zu bieten hat.	☐ Nach den Sommerferien schreiben die Schülerinnen einen Aufsatz über ihre Ferien.

Seite 19

5

3. Handlungsabschnitt (Z. 39–69):
Miss Brodie erzählt ihren Schülerinnen, dass sie die „Blütezeit" ihres Lebens erreicht hat, dass sie sich also aktiv und kraftvoll fühlt.
Sie ermahnt ihre Schülerinnen, ihr Leben ebenso bewusst und selbstbestimmt zu leben und ihre Kräfte (Blütezeit) auszuschöpfen. Sie zeigt den Schülerinnen deutlich ihre Werte und Vorstellungen und verurteilt schlechten Geschmack und geistige Anspruchslosigkeit (vgl. Comic).

4. Handlungsabschnitt (Z. 70–105):
- Miss Brodie erzählt in einer anderen Stunde von ihrem Verlobten Hugh, der ein einfacher Mann vom Lande gewesen ist, als Soldat im Krieg getötet worden ist und den sie sehr geliebt hat. Dabei gibt sie auch ihre Gefühle wieder, was die Mädchen zum Weinen bringt.
- Ermahnung von Miss Brodie an die Schülerinnen: Falls jemand vorbeikommen sollte, sollen die Schülerinnen so tun, als ob englische Grammatik unterrichtet würde.

5. Handlungsabschnitt (Z. 106–135):
- Direktorin Miss Mackay stattet der Klasse einen Unterrichtsbesuch ab und wundert sich, dass die Schülerinnen weinen.
- Miss Brodie gibt vor, eine ergreifende Erzählung aus dem Geschichtsunterricht habe die Schülerinnen berührt.
- Miss Mackay fordert, dass die Schülerinnen Aufsätze über ihre Sommerferien schreiben.
- Miss Brodie lobt die Schülerinnen, dass sie nichts vom tatsächlichen Inhalt der Stunde gegenüber der Direktorin erzählt haben, und weist darauf hin, dass es im Leben oft besser ist zu schweigen.
- Miss Brodie beteuert, dass sie die Schülerinnen zu etwas Besonderem erziehen will.

Lösungsheft

Seite 20

6 **Autorin und Titel:** *Muriel Spark: Die Blütezeit der Miss Jane Brodie*
Textsorte: *Ausschnitt aus einem Roman*
Ort und Zeit der Handlung: *England in den 1930er Jahren in einer Mädchenschule*
Personen der Handlung: *Miss Jean Brodie, Lehrerin an der Mädchenschule; Miss Mackay, die Direktorin der Schule*
Kernaussage des Textes: *Miss Brodie ist eine außergewöhnliche Lehrerin, deren eigenwillige Unterrichtsprinzipien nicht mit den traditionellen Regeln der Schuldirektorin übereinstimmen.*

7 a) *Die Einleitung C ist die beste.*
b) *Die Einleitung A macht zwar alle wichtigen Angaben, jedoch wird die Kernaussage des Textes nicht richtig benannt.*
   In der Einleitung B werden der Ort und die Zeit der Handlung nicht genannt. Außerdem geht es weniger um den Streit der beiden
   Lehrerinnen, als vielmehr um ihre unterschiedlichen Lebens- und Unterrichtsvorstellungen.

Seite 21

8 a) *Eines Tages bemerkte die Schülerin Sandy, dass Miss* | *In einer Unterrichtsstunde, falsches Tempus*
Brodie mit nach vorn gestreckter Brust am Fenster stand | *zu nah am Text → Miss Brodie*
und wie Johanna von Orleans wirkt. *Dabei erzählt die* | *sieht selbstbewusst und kämpferisch aus*
Lehrerin, dass sie die Höhe ihrer Lebenskraft, ihre „Blütezeit",
erreicht habe, das heißt, dass sie sich aktiv und kraftvoll fühlt.
Sie ermahnt ihre Schülerinnen, auch ihre „Blütezeit" auszunutzen,
nämlich ihr Leben bewusst und selbstbestimmt zu leben und ihre
Kräfte voll auszuschöpfen. ✓ *Sie macht ihren Schülerinnen ihre* | ✓ *passende Überleitung ergänzen*
Werte und Vorstellungen sehr stark deutlich und will sie dazu bringen,
sich ein Beispiel an ihr zu nehmen.
Als Mary während des Unterrichts nicht aufmerksam ist, weil sie | *überflüssige Informationen, zu*
einen Comic von Tiger Tim unter der Bank liest, *wird Miss Brodie* | *unpräzise → Während ihrer*
böse. Obwohl alle Schülerinnen von dem Comic fasziniert sind, | *Ausführungen duldet Miss Brodie*
wirft Miss Brodie den Comic weg. *Auch Sandy wird von der* | *keine Ablenkungen und achtet*
Lehrerin aufgefordert, aufmerksam zu sein. | *darauf, dass alle Schülerinnen*
| *aufmerksam sind.*

b) *zum Beispiel:*
In einer Unterrichtsstunde fällt der Schülerin Sandy auf, dass Miss Brodie besonders selbstbewusst und kämpferisch aussieht. In dieser Stun-
de erzählt die Lehrerin, dass sie die Höhe ihrer Lebenskraft, ihre „Blütezeit", erreicht habe, das heißt, dass sie sich aktiv und kraftvoll fühlt. Sie
ermahnt ihre Schülerinnen, auch ihre „Blütezeit" auszunutzen, nämlich ihr Leben bewusst und selbstbestimmt zu leben und ihre Kräfte voll
auszuschöpfen. Es wird deutlich, dass sie Ihren Schülerinnen ihre Werte und Vorstellungen vermitteln möchte. Während ihrer Ausführungen
duldet Miss Brodie keine Ablenkung und achtet darauf, dass alle Schülerinnen aufmerksam sind.

Seite 22

9 *zum Beispiel:*

☐ *Miss Brodie erläutert den Schülerinnen, dass Miss Mackay an das Schlagwort „Sicherheit geht vor" glaube, dass aber Sicherheit ihrer Mei-*
   nung nicht vorgehe, sondern dass Güte, Wahrheit und Schönheit wichtiger seien. (dass-Satz im Konjunktiv)
   Oder:
   Miss Brodie kritisiert die Einstellung der Direktorin Miss Mackay, für die Sicherheit an erster Stelle steht, und vermittelt den Schülern, dass
   nicht Sicherheit, sondern andere Werte, nämlich Güte, Wahrheit und Schönheit, bedeutender sind. (Umschreibung)
☐ *Miss Brodie berichtet der Klasse von ihrem Verlobten Hugh, der ein einfacher Mann gewesen ist und ihr nur ein ärmliches Leben in Aussicht*
   gestellt hat. (Umschreibung)
☐ *Miss Brodie lobt die Klasse für ihr zurückhaltendes Verhalten gegenüber der Direktorin Miss Mackay und erklärt, dass es in manchen Situa-*
   tionen das Beste ist, einfach zu schweigen. (Umschreibung)

Seite 23

10 *zum Beispiel:*

Die Direktorin Miss Mackay sucht die Klasse und Miss Brodie während einer Unterrichtsstunde unter der Ulme auf, weil sie die Schülerinnen im
neuen Schuljahr persönlich begrüßen will. Sie wundert sich, dass die Schülerinnen weinen, woraufhin Miss Brodie als Erklärung vorgibt, eine
ergreifende Erzählung aus dem Geschichtsunterricht habe die Mädchen berührt. Daraufhin weist Miss Mackay, ohne Verständnis zu zeigen, die
Kinder zurecht, dass diese Reaktion ihrem Alter nicht angemessen sei, und sie fordert die Schülerinnen auf, ihre Ferienerlebnisse in Aufsätzen nie-
derzuschreiben. Nachdem Miss Mackey weggegangen ist, lobt Miss Brodie die Schülerinnen, dass sie den wahren Grund ihrer Tränen ver-
schwiegen haben und damit ihnen und ihr selbst viele Probleme erspart geblieben sind. Gleichzeitig betont sie, dass es in manchen Situationen das
Beste sei, einfach zu schweigen. Obwohl sie manche Schülerinnen mit ihren Ausführungen überfordert, zeigt sie großes Interesse an allen und
möchte sie zu etwas Besonderem, einer Elite, erziehen.

8

Lösungsheft

11 a) *zum Beispiel:*

In dem Ausschnitt aus dem Roman „Die Blütezeit der Miss Jean Brodie" stellt die Autorin Muriel Spark eine selbstbewusste Lehrerin in einer englischen Mädchenschule der 1930er Jahre vor, deren Unterrichtsmethoden nicht den Vorstellungen der Direktorin Miss Mackay entsprechen und die ihre Schülerinnen zu besonderen Menschen machen will.

Miss Jean Brodie ist die Klassenlehrerin einer Klasse von zehnjährigen Mädchen. Ungewöhnlich ist ihr Unterricht deshalb, weil sie so oft wie möglich das Klassenzimmer verlässt, um den Unterricht auf dem Schulgelände unter freiem Himmel unter einer Ulme abzuhalten. Damit widersetzt sie sich der traditionellen Auffassung der Direktorin, die versucht, Sicherheit in den Vordergrund zu stellen.

Im Gegensatz zur Direktorin ist Miss Brodie der Meinung, dass Sicherheit nicht so wichtig wie andere Werte, nämlich Güte, Wahrheit und Schönheit, sei. Dies erklärt die junge Lehrerin ihren Schülerinnen, wobei sie offen zu verstehen gibt, dass sie gegen die von der Direktorin vertretene Ansicht ist.

Auch die Inhalte, die Miss Brodie ihren Schülerinnen vermittelt, entsprechen nicht dem traditionellen Unterrichtsstoff. Statt mit den Lehrbüchern zu arbeiten, werden die Schülerinnen von Miss Brodie angehalten, ihren eigenen Erzählungen zuzuhören, um die persönlichen Erfahrungen der Lehrerin aufzunehmen. Sie erzählt zum Beispiel über ihren Sommerurlaub in Ägypten, um den Schülerinnen zu vermitteln, welche Erlebnisse die Welt zu bieten hat. Dabei macht sie ihre Schülerinnen zu ihren Komplizen, indem sie die Kinder auffordert, ihre Bücher aufzuschlagen und so zu tun, als ob der normale und geregelte Unterricht stattfinde. Auf diese Weise soll verhindert werden, dass Miss Brodies Unterrichtsstil bei der Direktorin Miss Makay negativ auffällt.

In einer dieser Unterrichtsstunden fällt der Schülerin Sandy auf, dass Miss Brodie besonders selbstbewusst und kämpferisch aussieht. In dieser Stunde erzählt die Lehrerin, dass sie die Höhe ihrer Lebenskraft, ihre „Blütezeit", erreicht habe, das heißt, dass sie sich aktiv und kraftvoll fühlt. Sie ermahnt ihre Schülerinnen, auch ihre „Blütezeit" auszunutzen, nämlich ihr Leben bewusst und selbstbestimmt zu leben und ihre Kräfte voll auszuschöpfen. Es wird deutlich, dass sie ihren Schülerinnen ihre Werte und Vorstellungen vermitteln möchte und sie dazu bringen will, sich ein Beispiel an ihr zu nehmen. Während ihrer Ausführungen duldet Miss Brodie keine Ablenkungen und achtet darauf, dass alle Schülerinnen aufmerksam sind.

In einer anderen Unterrichtssunde erzählt Miss Brodie von ihrem Verlobten Hugh, der ein einfacher Mann vom Land gewesen ist und ihr nur ein ärmliches Leben in Aussicht gestellt hat. Sie berichtet, dass sie Hugh sehr geliebt hat und dass dieser als Soldat im Krieg getötet worden ist. Die Erzählung rührt die Mädchen so sehr, dass sie anfangen zu weinen. Gleichzeitig ermahnt sie ihre Schülerinnen, während ihrer Erzählung so zu tun, als ob sie englische Grammatik unterrichten würde.

Als die Direktorin Miss Mackay in dieser Unterrichtsstunde die Klasse besucht, wundert sie sich, dass die Schülerinnen weinen, woraufhin Miss Brodie als Erklärung vorgibt, eine ergreifende Erzählung aus dem Geschichtsunterricht habe die Mädchen berührt. Daraufhin weist Miss Mackay, ohne Verständnis zu zeigen, die Kinder zurecht, dass diese Reaktion ihrem Alter nicht angemessen sei, und fordert von den Schülerinnen, ihre Ferienerlebnisse in Aufsätzen niederzuschreiben. Nachdem Miss Mackey weggegangen ist, lobt Miss Brodie die Schülerinnen dafür, dass sie den wahren Grund ihrer Tränen verschwiegen haben und damit ihnen und ihr selbst viele Probleme erspart geblieben sind. Gleichzeitig betont sie, dass es in manchen Situationen das Beste sei, einfach zu schweigen. Obwohl sie manche Schülerinnen mit ihren Ausführungen überfordert, zeigt sie großes Interesse an allen und möchte sie zu etwas Besonderem, einer Elite, erziehen.

Gründe, warum diese Inhaltsangabe gut ist:

☐ *Die **Einleitung** enthält alle wichtigen Angaben und benennt die Kernaussage des Textes.*

☐ *Im **Hauptteil** werden die wichtigsten Ereignisse der Handlung und der Gedankengang des Textes mit eigenen Worten wiedergegeben.*

☐ *Wichtige Äußerungen werden in der indirekten Rede oder in einem Aussagesatz (Umschreibung) wiedergegeben.*

☐ *Es werden notwendige Erklärungen eingefügt, wo der Text nur mit Andeutungen arbeitet.*

☐ *Überflüssige Details sind weggelassen worden.*

☐ *Es wird das Präsens verwendet (bei Vorzeitigkeit das Perfekt).*

Seite 26

2 *zum Beispiel:*

Schreibplan:

1. Handlungsabschnitt (Z. 1–42):
- Werner Dannwitz (genannt Dannwitz) wird von seinen Mitschülern nicht gemocht, er ist nicht in die Klassengemeinschaft aufgenommen; er gilt als gefährlicher „Kraftprotz", weil er nur über seine Muskelkraft spricht
- Im Fünfkampf hat Bert Riedel gegen Werner Dannwitz überraschenderweise gewonnen; die Mitschüler freuen sich für Bert und gratulieren ihm, nur Dannwitz nicht, auch nicht auf Aufforderung des Sportlehrers hin
- Abends beim Schulfest sollen die Siegerurkunden verteilt werden

2. Handlungsabschnitt (Z. 43–65):
- Auf dem Weg zurück vom Sportplatz unterhalten sich drei Schüler (Bruno, Bert und der Erzähler) über den sportlichen Erfolg von Bert → er ist der Meinung, allein die Technik hätte ihn gegen den viel stärkeren Dannwitz gewinnen lassen
- Die Schüler sind in ausgelassener, freudiger Stimmung, freuen sich auf das Fest und bemerken nicht, dass Dannitz ihnen gefolgt ist

3. Handlungsabschnitt (Z. 66–99):
- Dannwitz steht auf einmal vor den Schülern und fordert alle drei zum Kampf heraus; er ist verstört und aggressiv
- Bert schickt seine beiden Freunde weg, weil er sie aus dem Kampf heraushalten will; er fordert Dannwitz auf, ihn zu schlagen, und kündigt ihm an, dass er sich nicht wehren wird, weil er sowieso keine Chance gegen ihn hat
- Plötzlicher Stimmungswandel bei Dannwitz: Er fängt an zu weinen, wirkt schwach und hilflos und läuft dann davon; die anderen sind erstaunt

9

Lösungsheft

---

4. Handlungsabschnitt (Z. 100–112):
- Der Ich-Erzähler berichtet zu Hause über dieses Ereignis; der Vater fragt nach und will mehr über Dannwitz wissen
- Es stellt sich heraus, dass Dannwitz erst seit anderthalb Jahren in der Klasse ist, die befreundeten Jungen ihn von Anfang an nicht gemocht haben und Dannwitz eigentlich nie eine Chance bekommen hat, sich in die Clique zu integrieren.

5. Handlungsabschnitt (Z. 113–143):
- Abends auf dem Schulfest sieht der Ich-Erzähler, dass Dannwitz ganz allein, abseits von den Feiernden, steht
- Der Ich-Erzähler ist bedrückt und bespricht die Situation mit seinem Freund Bert und ermutigt ihn, auf Dannwitz zuzugehen; ermutigt von dem Ich-Erzähler, geht Bert zu Dannwitz

6. Handlungsabschnitt (Z. 144–151):
- Bert kommt mit Dannwitz auf den Ich-Erzähler zu; der Erzähler sagt, dass beide ganz selbstverständlich nebeneinander hergehen; gemeinsam gehen sie dann alle drei zu den übrigen Feiernden

---

3

Autor und Titel: Erich Junge: Der Sieger

Textsorte: Kurzgeschichte (Erzählung)

Ort und Zeit der Handlung: mehrere Orte (Sportplatz, Rückweg vom Sportplatz, Zuhause des Ich-Erzählers, Schulfest); Zeit nicht eindeutig festgelegt

Personen der Handlung: Werner Dannwitz und drei weitere Schüler (Ich-Erzähler, Bruno und Bert)

Kernaussage des Textes: Der Schüler Werner Dannwitz ist nicht in die Klassengemeinschaft aufgenommen und gilt als Außenseiter und „Kraftprotz". Erst eine schwierige Konfliktsituation mit seinen Mitschülern führt dazu, dass er eine Chance zur Integration in die Klassengemeinschaft bekommt.

4

a) zum Beispiel:

Die Kurzgeschichte „Der Sieger" von Erich Junge handelt von dem Schüler Werner Dannwitz, der als Außenseiter und „Kraftprotz" gilt und nicht in die Klassengemeinschaft aufgenommen ist. Erst eine schwierige Konfliktsituation führt dazu, dass er eine Chance zur Integration in die Klassengemeinschaft bekommt.
Der Schüler Werner Dannwitz, der von seinen Mitschülern nur Dannwitz genannt wird, gilt als gefährlicher Muskelprotz und wird von seinen Mitschülern nicht gemocht. Als die Schulklasse im Sportunterricht einen Fünfkampf austrägt, gewinnt Bert Riedel überraschenderweise vor dem kräftigsten Schüler Werner Dannwitz. Die Mitschüler freuen sich mit Bert über seinen Sieg und gönnen Dannwitz seinen Misserfolg.
Nachdem der Sportlehrer Dr. Brenner dem Sieger Bert Riedel anerkennend gratuliert hat, tun dies auch die übrigen Mitschüler außer Werner Dannwitz, der so enttäuscht über seine Niederlage ist, dass er Bert nicht gratuliert, auch nicht auf Aufforderung des Sportlehrers hin. Der Leser erfährt, dass abends auf dem Schulfest die Urkunden für den Fünfkampf vergeben werden sollen.
Auf dem Weg zurück vom Sportplatz unterhalten sich die drei Freunde, Bruno, der Gewinner Bert und der Erzähler, über den sportlichen Erfolg Berts, der betont, dass sein Sieg gegen den sehr viel stärkeren Dannwitz allein auf seine Technik zurückzuführen sei.
Während sich die Freunde im Folgenden über das bevorstehende Schulfest am Abend unterhalten und die Stimmung fröhlich und ausgelassen ist, werden sie plötzlich von Dannwitz überrascht, der ihnen heimlich gefolgt ist. Er wirkt verstört und aggressiv und fordert nun alle drei Freunde auf, gegen ihn zu kämpfen. Bert versucht, seine zwei Begleiter aus dem Kampf herauszuhalten, indem er sie wegschickt und Dannwitz dazu herausfordert, ihn zu schlagen, und ihm gleichzeitig ankündigt, dass er sich nicht wehren werde, da er ihm körperlich sowieso unterlegen sei. Berts Aufforderung verursacht bei Dannwitz einen plötzlichen Stimmungswandel, sodass er zu weinen beginnt und zum Erstaunen seiner Mitschüler ohne weitere Reaktion davonläuft.
Anschließend berichtet der Erzähler zu Hause von diesem Ereignis, woraufhin sein Vater ihn in einem Gespräch dazu veranlasst, über Dannwitz' Situation nachzudenken. Es stellt sich heraus, dass Dannwitz erst vor eineinhalb Jahren in die Schulklasse gekommen ist und seitdem nie eine Möglichkeit gehabt hat, bei den langjährig befreundeten Jungen Anschluss zu finden.
Abends beim Schulfest beobachtet der Erzähler bedrückt, wie sich Dannwitz abseits von den anderen Feiernden im Schatten eines Baumes verbirgt. Unter dem Eindruck des Gesprächs mit seinem Vater bespricht er die Situation mit seinem Freund Bert und weist ihn darauf hin, dass Dannwitz nie eine Chance bekommen hat, sich in die Klassengemeinschaft zu integrieren. Er ermutigt Bert, auf Dannwitz zuzugehen, um mit ihm zu reden.
Abschließend wird geschildert, wie Bert und Dannwitz ganz selbstverständlich auf den Erzähler zukommen und danach alle drei gemeinsam zu den übrigen Feiernden gehen. Dannwitz ist somit aus seiner Isolation befreit.

Gründe, warum diese Inhaltsangabe gut ist:

☐ *Die **Einleitung** enthält alle wichtigen Angaben und benennt die Kernaussage des Textes.*

☐ *Im **Hauptteil** werden die wichtigsten Ereignisse der Handlung und der Gedankengang des Textes mit eigenen Worten wiedergegeben.*

☐ *Wichtige Äußerungen werden in der indirekten Rede oder in einem Aussagesatz (Umschreibung) wiedergegeben.*

☐ *Es werden notwendige Erklärungen eingefügt, wo der Text nur mit Andeutungen arbeitet.*

☐ *Überflüssige Details sind weggelassen worden.*

☐ *Es wird das Präsens verwendet (bei Vorzeitigkeit das Perfekt).*

Seite 27

1

a) **Thema:** Tätowierungen haben mittlerweile Kultstatus. Doch der Grat zwischen Körperkunst und Körperverletzung ist schmal und so fordern viele Ärzte ein Tätowierungsverbot für Jugendliche unter 18 Jahren. Erörtere, was für ein solches Tätowierungsverbot spricht.

b) Welche Gründe sprechen für ein Tätowierungsverbot für Jugendliche unter 18 Jahren?

Lösungsheft

2 b) zum Beispiel:
- ☐ Die Tätowierung gefällt schon nach kurzer Zeit nicht mehr.
- ☐ Tätowierungen sind evtl. hinderlich im späteren Berufsleben.

Seite 28

3 b) zum Beispiel:
- ☐ Beim Entfernen von Tätowierungen können dauerhafte Hautverfärbungen zurückbleiben.
- ☐ Viele Tätowierfarben stammen aus der Autoindustrie und sind Krebs erregend.

Seite 29

4 zum Beispiel:

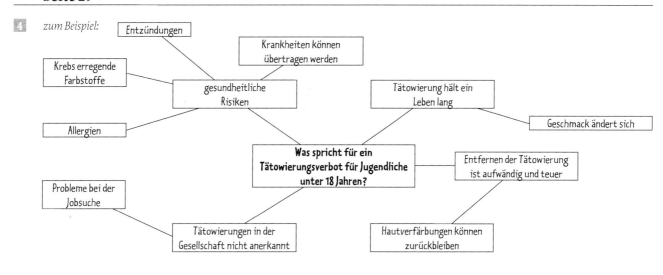

Seite 30

5 a) und b) zum Beispiel
zusammengehörige Punkte sind folgendermaßen markiert:

Thema: Was spricht für ein Tätowierungsverbot für Jugendliche unter 18 Jahren?
- ☐ Mode/Geschmack ändert sich
- ☐ Tätowierungen halten ein Leben lang
- ☐ Einschränkung der Freizeitgestaltung
- ☐ Tätowierungen sind evtl. hinderlich im späteren Beruf
- ☐ kein Schwimmbadbesuch nach Tätowierung
- ☐ Tätowierung ist schwer zu entfernen
- ☐ kein Solariumsbesuch nach Tätowierung
- ☐ Tätowieren ist teuer
- ☐ Tätowieren ist schmerzhaft
- ☐ Entfernen der Tätowierung gelingt nicht immer

- ☐ Tätowierfarben sind oft Krebs erregend
- ☐ beim Tätowieren können Krankheiten übertragen werden
- ☐ manchmal Entzündungen und teure, schmerzhafte Nachbehandlungen notwendig
- ☐ Tätowierungen in der Gesellschaft noch immer nicht anerkannt
- ☐ Tätowierungen evtl. hinderlich bei der Jobsuche
- ☐ Tätowierfarben können Allergien hervorrufen
- ☐ Tätowierungen verblassen und sehen unschön aus
- ☐ Tätowierung gefällt später nicht mehr
- ☐ Sonneneinstrahlung, Chlorwasser und heiße Bäder müssen langfristig vermieden werden
- ☐ Entfernen der Tätowierung ist zwanzigmal teurer als das Tätowieren

Oberbegriffe, die zum Teil auch schon in der Stoffsammlung enthalten sein können:
- ☐ Tätowierungen halten ein Leben lang
- ☐ Einschränkung der Freizeitgestaltung
- ☐ Tätowierungen in der Gesellschaft noch immer nicht anerkannt
- ☐ gesundheitliche Risiken
- ☐ allgemeine Nachteile

Lösungsheft

6 *zum Beispiel:*

Thema: Was spricht für ein Tätowierungsverbot für Jugendliche unter 18 Jahren?

Oberbegriffe	Tätowierung hält ein Leben lang	gesundheitliche Risiken	Einschränkung der Freizeitgestaltung	Tätowierung gesellschaftlich immer noch nicht anerkannt
Unterpunkte	Mode/Geschmack ändert sich und Tätowierung gefällt nicht mehr	beim Tätowieren können Krankheiten übertragen werden	kein Schwimmbadbesuch nach Tätowierung	evtl. hinderlich bei der Suche nach Ausbildungsplatz
	Tätowierung ist schwer zu entfernen und das Entfernen zwanzigmal teurer als das Tätowieren	manchmal Entzündungen und teure, schmerzhafte Nachbehandlungen notwendig	kein Solariumsbesuch nach Tätowierung	evtl. hinderlich im späteren Berufsleben
		Tätowierfarben sind oft Krebs erregend	Sonneneinstrahlung, Chlorwasser und heiße Bäder müssen langfristig vermieden werden, da Tätowierung sonst verblassen kann und unschön aussieht	
		Tätowierfarben können Allergien hervorrufen		

Seite 31

7 *zum Beispiel:*
Hinweis: *Es reicht aus, wenn deine Gliederung drei Argumente (und nicht wie hier vier Argumente) beinhaltet.*

A. Einleitung

B. Hauptteil (Gründe, die für ein Tätowierungsverbot für Jugendliche unter 18 Jahren sprechen)

   I.   Einschränkung der Freizeitgestaltung
      1. Kein Schwimmbadbesuch
      2. Kein Solariumsbesuch, Sonneneinstrahlung langfristig vermeiden
   II. Tätowierung hält ein Leben lang
      1. Mode/Geschmack ändert sich
      2. Tätowierung schwer zu entfernen, Entfernen zwanzigmal teurer als Tätowieren
   III. Tätowierung gesellschaftlich immer noch nicht anerkannt
      1. Evtl. hinderlich im späteren Berufsleben
      2. Evtl. hinderlich bei Suche nach Ausbildungsplatz/Freizeitjob
   IV. Gesundheitliche Risiken
      1. Krankheiten können übertragen werden
      2. Evtl. Entzündungen und teure, schmerzhafte Nachbehandlungen notwendig
      3. Tätowierfarben Krebs erregend und Allergie auslösend

C. Schluss

> Du kannst auch so gliedern:
>
> 1 Einleitung
>
> 2 Hauptteil
>   2.1 erstes Argument
>   2.1.1 erster Unterpunkt
>   2.1.2 zweiter Unterpunkt
>   2.2 zweites Argument
>   2.2.1 erster Unterpunkt
>   2.2.2 zweiter Unterpunkt
>   2.3 drittes Argument
>   2.3.1 erster Unterpunkt
>   2.3.2 zweiter Unterpunkt
>
> 3 Schluss

Seite 32

8 **Hinweis:** *Die sprachlichen Wendungen und Konjunktionen und die satzverknüpfenden Adverbien sind unterstrichen.*

Ein wichtiger Gesichtspunkt ist, dass eine Tätowierung die Freizeitgestaltung einschränkt, denn man muss sehr genau auf die Vorschriften zur Pflege des Tattoos achten. So sollte man beispielsweise mindestens vier Wochen lang nach der Tätowierung eine direkte Sonneneinstrahlung vermeiden. Darüber hinaus sind aber auch später heiße Bäder, wie Whirlpools, oder Chlorwasser generell zu meiden, weil die Tattoos dadurch verblassen können und dann sehr unschön aussehen. Das zeigt, dass man sich sehr genau mit den negativen Folgen einer Tätowierung auseinandersetzen muss und, weil viele Jugendliche diese Punkte häufig noch nicht bedenken, ein Tätowierungsverbot für Jugendliche unter 18 Jahren durchaus sinnvoll ist.

Lösungsheft

Seite 33

9 *zum Beispiel:*
Hinweis: *Die sprachlichen Wendungen und Konjunktionen sowie satzverknüpfenden Adverbien sind unterstrichen.*

Eine noch wichtigere Rolle spielt aber, dass ein Tattoo ein Leben lang hält und man damit rechnen muss, dass sich der eigene Geschmack oder die Mode verändert, sodass einem irgendwann das Tattoo nicht mehr gefällt. Daher sollte man sich klar darüber sein, dass eine Tätowierung haltbarer ist als viele Modetrends und sie zudem später auf der Haut nicht mehr so schön aussieht. Ein prominentes Beispiel dafür, wie schnell einem eine Tätowierung nicht mehr gefallen kann, ist die Schauspielerin Angelina Jolie, die sich den Namen ihres Ehemannes Billy Bob Thornton tätowieren ließ, von dem sie mittlerweile aber geschieden ist. Mit Hilfe von Laserbehandlungen versucht sie nun, das Tattoo wieder von ihrem Oberarm zu entfernen. Dabei ist die Behandlung zur Entfernung einer Tätowierung nicht nur langwierig, sondern darüber hinaus auch schmerzhaft und bis zu zwanzigmal teurer als das Stechen eines Tattoos.
Eng verknüpft mit der Tatsache, dass ein Tattoo ein Leben lang hält, ist der Punkt, dass Tätowierungen auch heute noch gesellschaftlich nicht unbedingt anerkannt sind und im späteren Berufsleben hinderlich sein können. So gibt es beispielsweise Berufe, in denen eine Tätowierung als störend empfunden wird, wie zum Beispiel bei einer Arbeit in einer Bank, im Krankenhaus oder beim Beruf des Rechtsanwalts oder der Rechtsanwältin. Zudem können sichtbare Tätowierungen nicht nur im späteren Beruf, sondern schon bei der Suche nach einem Ausbildungsplatz oder einem Freizeitjob hinderlich sein. Das alles sind Gründe dafür, dass eine Tätowierung wohl überlegt sein muss, weil sie viele negative Folgen haben kann.
Der wichtigste Punkt, der für ein Tätowierungsverbot für Jugendliche unter 18 Jahren spricht, ist das Gesundheitsrisiko, das mit dem Tätowieren verbunden ist. So können beispielsweise beim Tätowieren durch unsterile Instrumente Krankheiten wie Gelbsucht oder auch Aids-Viren übertragen werden. Außerdem sind viele Farben, die beim Tätowieren benutzt werden, giftig und Krebs erregend, weil es keine gesetzlich festgelegten Vorschriften hinsichtlich der Qualität und der gesundheitlichen Unbedenklichkeit von Tätowierfarben gibt. Nach Mitteilungen der deutschen Hautärzte sind schwere allergische Hautreaktionen sowie Entzündungen häufige Folgen einer Tätowierung. Aber auch noch Jahre nach der Tätowierung können die Tätowierfarben Allergien hervorrufen und langfristig krank machen.

Seite 34

10 *a)* ☐ *erste Einleitung: aktuelle Umfrage*
    ☐ *zweite Einleitung: persönliches Erlebnis*
b) zum Beispiel:
Einst waren Tätowierungen nur bei Seemännern und Rockern beliebt, heute ist das Tätowieren gerade bei Jugendlichen sehr populär geworden und in den Städten sprießen die Tattoostudios aus dem Boden. Eine Tätowierung ist heute schnell gestochen, aber die meisten jugendlichen Tattooträger machen sich vor dem Tätowieren wenig Gedanken darüber, welche negativen Folgen eine solche Tätowierung mit sich bringen kann. Deshalb fordern immer mehr Ärzte ein Tätowierungsverbot für Jugendliche unter 18 Jahren. Was für ein solches Tätowierungsverbot spricht, werde ich im Folgenden erörtern.

11 *zum Beispiel:*
Aus den oben dargestellten Gründen wird deutlich, welche negativen Folgen eine Tätowierung mit sich bringen kann. Besonders gefährlich erscheint mir das gesundheitliche Risiko, das mit dem Tätowieren verbunden ist. Da sich aus meiner Sicht die meisten Jugendlichen nur selten über die Risiken und Nachteile des Tätowierens informieren und viele die Folgen noch gar nicht abschätzen können, die damit verbunden sind, halte ich ein Tätowierungsverbot für Jugendliche unter 18 Jahren für sinnvoll.

12 *zum Beispiel:*
Hinweis: *Es reicht aus, wenn du in deiner Erörterung drei Argumente (und nicht wie hier vier Argumente) ausführst.*

Gründe, warum die Erörterung gut ist:

In den letzten beiden Jahren haben sich in meiner Klasse vier Mitschüler eine Tätowierung machen lassen. Einer von ihnen bereut schon jetzt seine damalige Entscheidung und will sich das Tattoo, das ihm jetzt nicht mehr gefällt, entfernen lassen. Dass die Entfernung teurer und langwieriger ist als das Stechen eines Tatoos, hat er erst jetzt erfahren. Anlässlich eines solchen Erlebnisses fragt man sich, ob es ein Tätowierungsverbot für Jugendliche unter 18 Jahren geben sollte. Ich möchte im Folgenden darlegen, welche Gründe für ein solches Tätowierungsverbot sprechen.

Einleitung:
persönliches Erlebnis, dann Überleitung zur Themafrage

*Ein wichtiger Gesichtspunkt ist, dass **eine Tätowierung zumindest zeitweilig die Freizeitgestaltung einschränkt,** denn man muss sehr genau auf die Vorschriften zur Pflege des Tattoos achten. So sollte man beispielsweise mindestens vier Wochen lang nach der Tätowierung eine direkte Sonneneinstrahlung vermeiden. Darüber hinaus sind aber auch später heiße Bäder, wie Whirlpools, oder Chlorwasser generell zu meiden, weil die Tattoos dadurch verblassen können und dann sehr unschön aussehen. Das zeigt, dass man sich sehr genau mit den negativen Folgen einer Tätowierung auseinandersetzen muss und, weil viele Jugendliche diese Punkte häufig noch nicht bedenken, ein Tätowierungsverbot für Jugendliche unter 18 Jahren durchaus sinnvoll ist.*

Hauptteil:
Überleitung
***1. Argument** mit Beispiel*

Rückführung

*Eine noch wichtigere Rolle spielt aber, dass **ein Tattoo ein Leben lang hält** und man damit rechnen muss, dass sich der eigene Geschmack oder die Mode verändert, sodass einem irgendwann das Tattoo nicht mehr gefällt. Daher sollte man sich klar darüber sein, dass eine Tätowierung haltbarer ist als viele Modetrends und sie zudem später auf der Haut nicht mehr so schön aussieht. Ein prominentes Beispiel dafür, wie schnell einem eine Tätowierung nicht mehr gefallen kann, ist die Schauspielerin Angelina Jolie, die sich den Namen ihres Ehemannes Billy Bob Thornton tätowieren ließ, von dem sie mittlerweile aber geschieden ist. Mit Hilfe von*

Überleitung
***2. Argument** mit Beispiel*

13

Laserbehandlungen versucht sie nun, das Tattoo wieder von ihrem Oberarm zu entfernen. Dabei ist die Behandlung zur Entfernung eines Tattoos nicht nur langwierig, sondern darüber hinaus auch schmerzhaft und bis zu zwanzigmal teurer als das Stechen eines Tattoos.

*Eng verknüpft mit der Tatsache, dass ein Tattoo ein Leben lang hält, ist der Punkt, dass **Tätowierungen auch heute noch gesellschaftlich nicht unbedingt anerkannt sind** und im späteren Berufsleben hinderlich sein können. So gibt es beispielsweise Berufe, in denen eine Tätowierung als störend empfunden wird, wie zum Beispiel bei einer Arbeit in einer Bank, im Krankenhaus oder beim Beruf des Rechtsanwalts oder der Rechtsanwältin. Zudem können sichtbare Tätowierungen nicht nur im späteren Beruf, sondern schon bei der Suche nach einem Ausbildungsplatz oder einem Freizeitjob hinderlich sein. Das alles sind Gründe dafür, dass eine Tätowierung wohl überlegt sein muss, weil sie viele negative Folgen haben kann.*
Überleitung
3. Argument *mit Beispiel*

*Der wichtigste Punkt, der für ein Tätowierungsverbot für Jugendliche unter 18 Jahren spricht, ist **das Gesundheitsrisiko**, das mit dem Tätowieren verbunden ist. So können beispielsweise beim Tätowieren durch unsterile Instrumente Krankheiten wie Gelbsucht oder auch Aids-Viren übertragen werden. Außerdem sind viele Farben, die beim Tätowieren benutzt werden, giftig und Krebs erregend, weil es keine gesetzlich festgelegten Vorschriften hinsichtlich der Qualität und der gesundheitlichen Unbedenklichkeit von Tätowierfarben gibt. Nach Mitteilungen der deutschen Hautärzte sind schwere allergische Hautreaktionen sowie Entzündungen häufige Folgen einer Tätowierung. Aber auch noch Jahre nach der Tätowierung können die Tätowierfarben Allergien hervorrufen und langfristig krank machen.*
Überleitung
4. Argument *mit Beispiel*

Aus den oben dargestellten Gründen wird deutlich, welche negativen Folgen eine Tätowierung mit sich bringen kann. Besonders gefährlich erscheint mir das gesundheitliche Risiko, das mit dem Tätowieren verbunden ist. Da sich aus meiner Sicht die meisten Jugendlichen nur selten über die Risiken und Nachteile des Tätowierens informieren und viele die Folgen noch gar nicht abschätzen können, die damit verbunden sind, halte ich ein Tätowierungsverbot für Jugendliche unter 18 Jahren für sinnvoll.
Schluss: Zusammenfassung des eigenen Standpunkts

Seite 35

1 zum Beispiel:

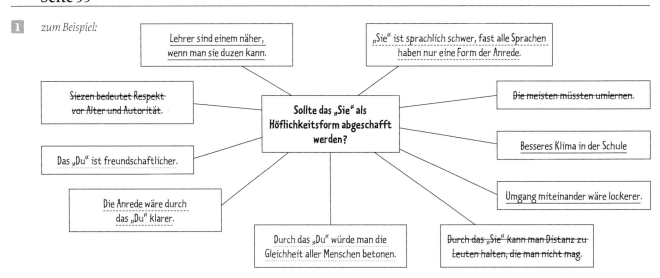

2 zum Beispiel:
- ☐ Behauptung pro (für) Abschaffung der Höflichkeitsform „Sie": Ich bin dafür, dass das „Sie" als Höflichkeitsform abgeschafft wird.
- ☐ Behauptung kontra (gegen) Abschaffung der Höflichkeitsform „Sie": Ich bin dagegen, dass das „Sie" als Höflichkeitsform abgeschafft wird.

3 a) siehe die Markierungen im obigen Cluster.
passende Oberbegriffe könnten sein:

Sprache ist einfacher zu lernen
besseres Klima in der Schule
Umgang aller Menschen freundlicher

b) zum Beispiel:
Im Folgenden findest du eine geordnete Stoffsammlung zur Behauptung: Das „Sie" sollte als Höflichkeitsform abgeschafft werden.

Oberbegriffe	*Sprache ist einfacher zu lernen*	*besseres Klima in der Schule*	*Umgang aller Menschen freundlicher*
Unterpunkte	*Unterschied nur in wenigen Sprachen*	*freundschaftlicheres Verhältnis von Lehrern und Schülern*	*das „Du" betont die Gleichheit aller Menschen*
	Situationen, in denen man sprachlich unsicher ist, entfallen	*freundschaftlicheres Verhältnis zwischen Lehrern und anderen Mitarbeitern*	*das „Du" ist generell freundschaftlicher*

4   *Beispiel für eine Gliederung pro Abschaffung der Höflichkeitsform „Sie".*

    A. *An einigen Gesamtschulen ist „Du" normal*
    B. *Höflichkeitsform „Sie" sollte abgeschafft werden*

        I. Sprache ist einfacher zu lernen
            1. Unterschied nur in wenigen Sprachen
            2. Situationen, in denen man sprachlich unsicher ist, entfallen
        II. Besseres Klima in der Schule
            1. Freundschaftlicheres Verhältnis unter den Lehrern und anderen Mitarbeitern
            2. Freundschaftlicheres Verhältnis zwischen Lehrern und Schülern
        III. Umgang aller Menschen freundlicher
            1. „Du" generell freundschaftlicher
            2. „Du" betont die Gleichheit aller Menschen

    C. *In anderen Ländern wie England und Schweden nur eine Anredeform*

> *Du kannst auch so gliedern:*
>
> 1 *Einleitung*
>
> 2 *Hauptteil*
>   *2.1 erstes Argument*
>   *2.1.1 erster Unterpunkt*
>   *2.1.2 zweiter Unterpunkt*
>   *2.2 zweites Argument*
>   *2.2.1 erster Unterpunkt*
>   *2.2.2 zweiter Unterpunkt*
>   *2.3 drittes Argument*
>   *2.3.1 erster Unterpunkt*
>   *2.3.2 zweiter Unterpunkt*
>
> 3 *Schluss*

Seite 36

5   *a)* *Beispiel für die Einleitung einer Erörterung zur Behauptung: Ich bin dafür, dass das „Sie" als Höflichkeitsform abgeschafft wird.*

    Den Lehrer zu duzen, war jahrzehntelang völlig undenkbar. Aber mittlerweile sind an einigen Gesamtschulen das „Du" und die Nennung beim Vornamen völlig normal. Die Frage, ob man generell das „Sie" als zweite Form der Anrede abschaffen sollte, wird auch außerhalb der Schule immer wieder diskutiert. Im Folgenden werde ich erörtern, welche Gründe es dafür gibt, das „Sie" als Höflichkeitsform abzuschaffen.

    b) *Beispiel für den Hauptteil einer Erörterung zur Behauptung: Ich bin dafür, dass das „Sie" als Höflichkeitsform abgeschafft wird.*

    Ein Argument, das dafür spricht, im Deutschen nur noch das „Du" zu verwenden, ist die Tatsache, dass die deutsche Sprache ohne die zweite Form mit dem „Sie" viel leichter zu lernen wäre. Im Englischen, das inzwischen von den meisten Menschen gesprochen wird, gibt es nur eine Form der Anrede. Alle sagen zu allen „you". Auch für uns Jugendliche ist es manchmal schwer zu entscheiden, ob man jemanden nun siezen muss oder duzen kann. Aus eigener Erfahrung kann ich sagen, dass man häufig in eine Situation gerät, in der man nicht weiß, wie man die andere Person anreden soll. Das führt dann häufig zu peinlichen Situationen und man sagt lieber gar nichts. Diese Probleme wären mit der Abschaffung des Siezens beseitigt.
    Ein weiterer wichtiger Gesichtspunkt, der für die Abschaffung des Siezens spricht, ist, dass das Duzen zu einem besseren Klima in der Schule beitragen würde. Denn wenn man jemanden duzt, redet man leichter und offener. Die Lehrer würden mit ihren Kollegen, aber auch mit anderen Mitarbeitern freundlicher umgehen, da man lockerer miteinander sprechen könnte. Aber auch das Verhältnis zwischen Lehrern und Schülern würde sich verbessern, weil man unverkrampfter und offener miteinander umgehen könnte. Im Sportunterricht oder in der Theater-AG ist es ja schon manchmal so, dass man die Lehrer duzt und dadurch auch oft die Atmosphäre viel entspannter ist.
    Das wichtigste Argument dafür, das Siezen abzuschaffen, ist aber die Tatsache, dass der Umgang aller Menschen miteinander freundlicher wäre, weil das „Du" eine freundschaftlichere Anrede ist. Das lässt sich mit Studien belegen, die das Verhältnis zwischen Vorgesetzten und Angestellten untersucht haben. Man arbeitet besser zusammen, wenn man sich duzt. Zwar wäre man nicht automatisch mit allen befreundet, aber das „Du" betont die grundsätzliche Gleichheit aller Menschen, was auch den Umgang miteinander verbessert. Als Beispiel wären Unternehmen wie das schwedische Möbelhaus IKEA zu nennen, wo alle Angestellten, vom Chef bis zur Putzfrau, nicht nur gleich gekleidet sind, sondern sich auch duzen und dadurch freundlicher miteinander umgehen.

    c) *Beispiel für den Schluss einer Erörterung zur Behauptung: Ich bin dafür, dass das „Sie" als Höflichkeitsform abgeschafft wird.*

    Zusammenfassend lässt sich sagen, dass vieles dafür spricht, das „Sie" als Höflichkeitsform abzuschaffen. Besonders wichtig ist hierbei, dass durch die Verwendung des „Du" der Umgang der Menschen miteinander unkomplizierter und freundschaftlicher werden würde. In anderen Ländern wie Schweden oder England gibt es schließlich auch nur eine Form der Anrede. Warum sollte das nicht auch bei uns in Deutschland funktionieren?

6   *zum Beispiel:*
    Beispiel für eine Erörterung zur Behauptung: Ich bin dafür, dass das „Sie" als Höflichkeitsform abgeschafft wird.

Gründe, warum die Erörterung gut ist:

Den Lehrer zu duzen, war jahrzehntelang völlig undenkbar. Aber mittlerweile sind an einigen Gesamtschulen das „Du" und die Nennung beim Vornamen völlig normal. Die Frage, ob man generell das „Sie" als zweite Form der Anrede abschaffen sollte, wird auch außerhalb der Schule immer wieder diskutiert. Im Folgenden werde ich erörtern, welche Gründe es dafür gibt, das „Sie" als Höflichkeitsform abzuschaffen.	*Einleitung: Rückblick und aktuelles Ereignis, dann Überleitung zum Thema*
Ein Argument, das dafür spricht, im Deutschen nur noch das „Du" zu verwenden, ist die Tatsache, dass die **deutsche Sprache ohne die zweite Form mit dem „Sie" viel leichter zu lernen** *wäre. Im Englischen, das inzwischen von den meisten Menschen gesprochen wird, gibt es nur eine Form der Anrede. Alle sagen zu allen „you". Auch für uns Jugendliche ist es manchmal schwer zu entscheiden, ob man jemanden nun siezen muss oder duzen kann. Aus eigener Erfahrung kann ich sagen, dass man häufig in eine Situation gerät, in der man nicht weiß, wie man die andere Person anreden soll. Das führt dann häufig zu peinlichen Situationen und man sagt lieber gar nichts. Diese Probleme wären mit der Abschaffung des Siezens beseitigt.*	*Hauptteil:* **1. Argument** *mit Beispiel*
Ein weiterer wichtiger Gesichtspunkt, der für die Abschaffung des Siezens spricht, ist, dass das **Duzen zu einem besseren Klima in der Schule** *beitragen würde. Denn wenn man jemanden duzt, redet man leichter und offener. Die Lehrer würden mit ihren Kollegen, aber auch mit anderen Mitarbeitern freundlicher umgehen,*	*Überleitung* **2. Argument** *mit Beispiel*

Lösungsheft

da man lockerer miteinander sprechen könnte. Aber auch das Verhältnis zwischen Lehrern und Schülern würde sich verbessern, weil man unverkrampfter und offener miteinander umgehen könnte. Im Sportunterricht oder in der Theater-AG ist es ja schon manchmal so, dass man die Lehrer duzt und dadurch auch oft die Atmosphäre viel entspannter ist.

Das wichtigste Argument dafür, das Siezen abzuschaffen, ist aber die Tatsache, dass der **Umgang aller Menschen miteinander freundlicher** wäre, weil das „Du" eine freundschaftlichere Anrede ist. Das lässt sich mit Studien belegen, die das Verhältnis zwischen Vorgesetzten und Angestellten untersucht haben. Man arbeitet besser zusammen, wenn man sich duzt. Zwar wäre man nicht automatisch mit allen befreundet, aber das „Du" betont die grundsätzliche Gleichheit aller Menschen, was auch den Umgang miteinander verbessert. Als Beispiel wären Unternehmen wie das schwedische Möbelhaus IKEA zu nennen, wo alle Angestellten, vom Chef bis zur Putzfrau, nicht nur gleich gekleidet sind, sondern sich auch duzen und dadurch freundlicher miteinander umgehen.

Überleitung
3. Argument *mit Beispiel*

Zusammenfassend lässt sich sagen, dass vieles dafür spricht, das „Sie" als Höflichkeitsform abzuschaffen. Besonders wichtig ist hierbei, dass durch die Verwendung des „Du" der Umgang der Menschen miteinander unkomplizierter und freundschaftlicher werden würde. In anderen Ländern wie Schweden oder England gibt es schließlich auch nur eine Form der Anrede. Warum sollte das nicht auch bei uns in Deutschland funktionieren?

Schluss:
Zusammenfassung des
eigenen Standpunktes und
Ausblick

Seite 38/39

■1 *und* ■2 *zum Beispiel:*

Klassenfahrt in die Gefahr
Im Wildwasser und am Steilhang härten sich Gymnasiasten auf Extrem-Schulausflügen ab

von Vera Sprothen

Auf der Bogenbrücke, hoch über dem zerklüfteten Canyon im Bregenzerwald, hört für die meisten Manager der Spaß auf. Für manchen Zehntklässler dagegen fängt er an dieser Stelle erst an: Einen 25 Meter tiefen Abgrund gilt es an einem dünnen Drahtseil frei schwebend zu überwinden, hinunter in die felsige Klamm. Eine waghalsige Übung, bei der normalerweise Führungskräfte die Grenzen ihrer Persönlichkeit ausloten. Neuerdings jedoch unternehmen auch Schüler immer häufiger dieses Abenteuer – als organisierte Mutprobe im Rahmen einer Klassenfahrt. Mit dem traditionellen Aufenthalt im Landschulheim hat das nichts mehr zu tun.

– neu: Schulausflüge in Form von Extremtrainings in der Natur mit waghalsigen Mutproben, z. T. Todesängste bei den Schülern

„Echter Nervenkitzel" sei das gewesen, finden Zehntklässler des Duisburger Krupp-Gymnasiums, die jüngst von einem als Bildungsreise deklarierten einwöchigen Extremtraining zurückgekehrt sind. Gleich hinter der österreichischen Grenze, wo Berge und Täler sprechende Namen wie „Zitterklapfen" und „Rappenlochschlucht" tragen, balancierten sie in luftiger Höhe auf einem Baumstamm. Sie robbten im Innern einer tiefschwarzen Höhle durch enge, feuchte Tunnelgänge und kletterten von 60 Meter hohen Felsvorsprüngen herunter. „Einige meiner Schüler haben mir Todesangst gestanden", erzählt der Klassenlehrer.

– deklarierten = genannten; bezeichneten

– einige Schüler Todesangst

Mit ihrem Schulausflug liegen die Gymnasiasten im Trend: In den vergangenen fünf Jahren sei auch die Nachfrage der Schulen an derartigen Exkursionen „sehr stark angestiegen", berichtet Holger Kolb, Vorstandsmitglied im Bundesverband Erlebnispädagogik in Lindau. Etwa fünf Prozent aller Klassenfahrten, so schätzt er, fänden bereits als inszeniertes Abenteuer statt. Eine Entwicklung, die sich nach Ansicht des Sozialpädagogen festigen wird: „Wir leben in einer Erlebnis- und Risikogesellschaft, in der Outdoor-Aktivitäten auch in der Werbung immer wieder betont werden", sagt Kolb. Die jugendliche Faszination in Bezug auf Kletterpartien und Wildwassertouren sei entsprechend groß. Längst haben die Veranstalter ihr Angebot erweitert und werben mit Sonderrabatten. Zwischen 18 und 30 Euro pro Person kosten die Tagestouren, die von speziell ausgebildeten Führern vorbereitet und unter strengen Sicherheitsvorkehrungen begleitet werden. „Kinder wandern doch heute nur noch, wenn irgendein Highlight dabei ist", sagt Jürgen Koch, Inhaber des „Aktivzentrums" im bayrischen Oberstaufen, in dem etwa ein Drittel der Gäste Schulklassen sind. Im sächsischen Mittweida bietet Michael Unger, Geschäftsführer des „Outdoor-Teams", ein Überlebenstraining in der Wildnis des Elbsandsteingebirges an. Schüler lernen hier, mit Feuersteinen umzugehen oder Notlager zu errichten. Hin und wieder wird auch mal eine Suppe mit Regenwürmern gekocht. „Das ist der absolute Bringer", berichtet Unger.

– Extremtraining liegt im Trend, Nachfrage in den letzten fünf Jahren gestiegen
– inszeniertes = in Szene setzen; extra organisieren
– jugendliche Faszination für solche Extremtouren entspricht der heutigen Erlebnis- und Risikogesellschaft

Ein „uriges Erlebnis" verspricht Gerhard Feuerstein, Inhaber des „Aktiv-Zentrums Bregenzerwald": zum Beispiel in einer Höhle, die am Ende gerade genügend Platz für einen Schüler bietet, um flach auf dem Bauch hindurchzukriechen. Panik-Kandidaten erkenne er schon im Vorfeld, sagt Feuerstein. „Es ist wichtig, dass Leute, die Angst haben, nicht zurückbleiben", sagt er. Zum Mitmachen gezwungen werde aber niemand.

Von pädagogischer Seite erfährt Feuersteins Konzept Zustimmung: „Es geht darum, über seinen Schatten zu springen", erklärt Gymnasiallehrer Fred Willemsen aus eigener Erfahrung. Im Nachhinein stellt er ein „erheblich gesteigertes Selbstwertgefühl" fest, das seine Schüler im Unterricht zeigten. Auch Sozialpädagoge Holger Kolb glaubt an den Erfolg der Grenzerfahrungen im Freien – Momente, die Schüler in einer immer stärker medialisierten Welt kaum noch erleben würden. „Das Sozialverhalten lässt sich in der Natur am besten erlernen", sagt er. Und auch die zuständigen Landesministerien reagieren: In Nordrhein-Westfalen haben die Kultus- und Sportminister bereits eine Ergänzungsrichtlinie für Wanderfahrten überarbeitet. Die neue Fassung soll auch Extremsportarten berücksichtigen.

– aus pädagogischer Sicht Zustimmung: steigert Selbstwertgefühl und schult Sozialverhalten
– medialisierten = von den Medien beherrschten
– in NRW: Extrem-Schulausflüge sollen ins Klassenfahrtenprogramm aufgenommen werden

Aus: „Süddeutsche Zeitung" vom 23. 06. 2003

16

Lösungsheft

3 zum Beispiel:
In dem Artikel „Klassenfahrt in die Gefahr" aus der „Süddeutschen Zeitung" vom 26. 6. 2003 berichtet Vera Sprothen über den Trend, Klassenausflüge als extreme Trainingsprogramme in der Natur zu gestalten, bei denen die Schüler zum Teil lebensgefährlich erscheinende Situationen meistern müssen.

4 **Thema: Was spricht für die Aufnahme von Extrem-Schulausflügen ins offizielle Wanderfahrtenprogramm?**

Argumente	Beispiele (Zahlen, Expertenzitate etc.)
☐ echter Nervenkitzel	☐ einwöchiges Extremtraining einer 10. Klasse des Duisburger Krupp-Gymnasiums im Bregenzerwald: 　■ Abgründe über einen Holzbalken balancierend überwinden 　■ durch dunkle Höhlen, enge, feuchte Tunnelgänge robben 　■ von 60 m hohen Felsvorsprüngen klettern
☐ jugendliche Faszination für Extremtouren entspricht heutiger Erlebnis- und Risikogesellschaft	☐ steigender Trend zu derartigen Exkursionen 　■ lt. Holger Kolb, Vorstandsmitglied im Bundesverband Erlebnispädagogik in Lindau: in den letzten fünf Jahren steigende Nachfrage; mittlerweile ca. 5 % aller Klassenfahrten
☐ Touren werden von ausgebildeten Fachkräften unter strengen Sicherheitsvorkehrungen durchgeführt	
☐ Kinder sind für „normale" Wanderungen kaum zu begeistern und wünschen sich „Highlights"	☐ Überlebenstraining in der Wildnis des Elbsandsteingebirges bietet Michael Unger, Geschäftsführer des „Outdoor-Teams", an 　■ Schüler lernen Umgang mit Feuersteinen oder Errichtung eines Notlagers ☐ Angebot des „Aktiv-Zentrums Bregenzerwald" 　■ „Panik"-Test beim Durchkriechen einer engen Höhle
☐ aus pädagogischer Sicht gut: steigert Selbstwertgefühl und schult Sozialverhalten	☐ laut Gymnasiallehrer Fred Willemsen: 　■ gesteigertes Selbstwertgefühl der Schüler, das auch im späteren Unterricht spürbar ist ☐ Sozialpädagoge Holger Kolb: 　■ Sozialverhalten lässt sich in der Natur am besten lernen ☐ Landesministerium NRW: 　■ Extremsportarten sollen zukünftig ins Klassenfahrtenprogramm aufgenommen werden

Seite 40

5 a) „Gerne würden wir solche **Extrem-Schulausflüge ins offizielle Wanderfahrtenprogramm aufnehmen**", sagen die Befürworter von ExtremSchulausflügen, bei denen man unter fachkundiger Leitung auf hohe Bäume klettert, sich in tiefe Schluchten abseilt oder durch beklemmend enge, finstere Höhlen kriecht. **Was kann man dem entgegenhalten?** Schreibe im Anschluss an den Text „Klassenfahrt in Gefahr" (▷ S. 37–38) eine **Erörterung, in der du eine Gegenposition beziehst.**

b) zum Beispiel:
　☐ Was spricht gegen die Aufnahme von Extrem-Schulausflügen ins offizielle Wanderfahrtenprogramm?
　☐ Erörtere, was gegen die Aufnahme von Extrem-Schulausflügen ins offizielle Wanderfahrtenprogramm spricht.

6 und **7** (die Markierungen) zum Beispiel:

Zusammengehörige Punkte sind folgendermaßen markiert: ＿＿　........　.........　**fett**

Thema: Was spricht gegen die Aufnahme von Extrem-Schulausflügen ins offizielle Wanderfahrtenprogramm?

Argumente	Beispiele (Zahlen, Expertenzitate, eigene Erfahrung etc.)
☐ erhöhte Unfallgefahr	☐ z. B. große Absturzgefahr beim Klettern, wenn Schüler nicht trainiert oder schwindelfrei sind oder wenn Vorschriften nicht eingehalten werden (Beispiel aus eigener Erfahrung)
☐ hohe Kosten	☐ 18 bis 30 Euro pro Tag und Person ist nicht billig, können sich Familien mit mehreren Kindern kaum leisten ☐ mögliche Ausgrenzung von Schülern
☐ kein echtes Naturerlebnis	☐ Natur nur noch gefährliche Abenteuerkulisse für „inszeniertes Abenteuer" (Z. 26) → „echter Nervenkitzel" (Z. 11) und „Suppe mit Regenwürmern" (Z. 43)
☐ Geschäftemacherei mit der Natur	☐ wachsende Werbung, Angebote und steigende Umsatzzahlen von Outdoor-Spezialisten u. Veranstaltern (vgl. Aussagen Werner Kolb)
☐ **Gefahren: Gruppendruck und Mobbing**	☐ **Druck auf Schüler, die Angst haben (vgl. Aussage des Klassenlehrers. „Einige Schüler haben mir Todesangst gestanden (...)" (Z. 19 f.)** ☐ **ängstliche Schüler werden evtl. vor den anderen bloßgestellt und zu etwas gezwungen, was sie nicht möchten (entsprechendes Szenario als Beispiel)** ☐ **Ängste u. eigene Entscheidung des Schülers werden nicht respektiert und einfach übergangen; dann keine Steigerung des Selbstwertgefühls**

17

Lösungsheft

Seite 41

7   *geordnete Stoffsammlung nach Oberbegriffen und Unterpunkten*
zum Beispiel:

Oberbegriffe	kein echtes Naturerlebnis	hohe Kosten	Gruppendruck und Mobbing	erhöhte Unfallgefahr
Unterpunkte	☐ *Natur nur noch gefährliche Abenteuerkulisse* → *„inszeniertes Abenteuer" (Z. 26), „echter Nervenkitzel" (Z. 11) und „Suppe mit Regenwürmern" (Z. 43)* ☐ *Geschäftemacherei mit der Natur* → *wachsende Werbung, Angebote und steigende Umsatzzahlen von Outdoor-Spezialisten u. Veranstaltern (vgl. Aussagen Werner Kolb)*	☐ *für die Eltern: 18 bis 30 Euro pro Tag und Person nicht billig* ☐ *mögliche Ausgrenzung von Schülern*	☐ *Frustration und Ausgrenzung ängstlicher Schüler* → *vgl. Aussage des Klassenlehrers: „Einige Schüler haben mir Todesangst gestanden (...)". (Z. 19f.)* ☐ *ängstliche Schüler werden evtl. vor den anderen bloßgestellt und zu etwas gezwungen, was sie nicht möchten; keine Steigerung des Selbstwertgefühls*	☐ *z. B. große Absturzgefahr beim Klettern, wenn Schüler nicht trainiert oder schwindelfrei sind oder wenn Vorschriften nicht eingehalten werden (Beispiel aus eigener Erfahrung)*

8   *zum Beispiel:*

A. *Vera Sprothen, „Klassenfahrt in die Gefahr", Artikel aus der „Süddeutschen Zeitung" vom ...*
B. *Gründe gegen Aufnahme von Extrem-Schulausflügen ins offizielle Wanderfahrtenprogramm*

> **I. Kein echtes Naturerlebnis**
>   *1. Natur nur noch gefährliche Abenteuerkulisse*
>   *2. Geschäftemacherei mit der Natur*
> **II. Hohe Kosten**
>   *1. Hohe Kosten für die Eltern*
>   *2. Mögliche Ausgrenzung von Kindern mittelloser Eltern*
> **III. Gefahr von Gruppendruck und Ausgrenzung**
>   *1. Frustration ängstlicher Schüler*
>   *2. Keine Steigerung des Selbstwertgefühls*

C. *Extrem-Schulausflüge in das offizielle Wanderfahrtenprogramm nicht sinnvoll, weil ...*

> *Du kannst auch so gliedern:*
>
> *1 Einleitung*
>
> *2 Hauptteil*
>   *2.1 erstes Argument*
>   *2.1.1 erster Unterpunkt*
>   *2.1.2 zweiter Unterpunkt*
>   *2.2 zweites Argument*
>   *2.2.1 erster Unterpunkt*
>   *2.2.2 zweiter Unterpunkt*
>   *2.3 drittes Argument*
>   *2.3.1 erster Unterpunkt*
>   *2.3.2 zweiter Unterpunkt*
>
> *3 Schluss*

Seite 42

9   *a) und b) Die Stellen, in denen auf die Textvorlage eingegangen wird, sind unterstrichen:* ____
Die sprachlichen Wendungen und Konjunktionen sind eingekreist.

...

Zunächst ist anzuführen, dass solche Extrem-Schulausflüge kein echtes Naturerlebnis bieten. Wenn in dem Zeitungsartikel gesagt wird, dass die Anbieter solcher Ausflüge diese als „inszeniertes Abenteuer" (Z. 26) verkaufen, bei dem „echter Nervenkitzel" (Z. 11) einschließlich einer „Suppe mit Regenwürmern" (Z. 43) geboten wird, so zeigt dies deutlich, dass ein verfälschtes Bild von der Natur vermittelt wird. Die Natur erscheint nur noch als eine gefährliche Abenteuerkulisse, die sich gegen andere Unterhaltungsprogramme austauschen lässt, sodass eine echte Naturbegegnung gar nicht mehr stattfinden kann. Aus eigener Erfahrung kann ich sagen, dass eine organisierte Wanderung durch den Wald, zum Beispiel mit einem Förster oder mit einem Mitglied des BUNDs für Umwelt und Naturschutz, im Gegensatz zu solchen Abenteuerausflügen viel mehr bietet, denn man lernt zum Beispiel, wie man sich im Gelände orientieren kann, und erfährt viel über das Ökosystem der Natur. Außerdem zeigen die vielen Angebote von Extremausflügen, die sich gezielt auf Schulen spezialisiert haben, dass hier mit der Natur, die eigentlich allen kostenlos zur Verfügung steht, Geld gemacht wird. Wenn Holger Kolb in dem Artikel bemerkt, dass die Nachfrage der Schulen nach derartigen Exkursionen stark angestiegen sei, so stellt sich die Frage, ob Schulen solche Entwicklungen unterstützen sollten. Damit eng verknüpft ist die Tatsache, dass ...

Seite 43

10   *zum Beispiel:*
Die sprachlichen Wendungen sind unterstrichen: ____
Die Textstellen, die sich auf den vorliegenden Zeitungsartikel beziehen, sind so markiert: ....

Ein weiterer wichtiger Gesichtspunkt, der gegen die Aufnahme von Extrem-Schulausflügen ins offizielle Wanderfahrtenprogramm spricht, ist, dass mit einer solchen Art von Klassenfahrt sehr hohe Kosten verbunden sind. So heißt es beispielsweise in dem vorliegenden Zeitungsartikel, dass die Tagestouren „zwischen 18 und 30 Euro pro Person" (Z. 33) kosten, wobei man bedenken muss, dass bei einer solchen Klassenfahrt auch noch zusätzliche Kosten für die Anreise, die Unterkunft und die Verpflegung hinzukommen. Es ist vorstellbar, dass viele Eltern diese Kosten für eine Klassenfahrt nicht aufbringen können, vor allem dann, wenn sie mehrere Kinder haben. Eng damit verknüpft ist der Gesichtspunkt, dass die Schüler, die aus finanziellen Gründen an so einem Ausflug nicht teilnehmen können, ausgegrenzt werden. Jedoch soll eine Klassenfahrt gerade das Gruppengefühl stärken und nicht dazu führen, dass einzelne Schüler ausgegrenzt werden. Eine andere, kostengünstigere Klassenfahrt wirft das Problem „Geld" erst gar nicht auf. Aus eigener Erfahrung kann ich sagen, dass es immer wieder vorkommt, dass das Thema „Geld" bei Klas-

senfahrten ein wichtiger Punkt ist, der lange diskutiert wird. Dabei gibt es auch einige Schüler, die sich dafür schämen, zugeben zu müssen, dass ihre Eltern die nötigen Kosten nicht tragen können. Anstatt ihre Not mitzuteilen, melden sie sich dann lieber krank.

Das wichtigste Argument gegen solche Extrem-Schulausflüge ist, dass mit solchen Schulausflügen die Gefahr von Gruppendruck und Ausgrenzung verbunden ist. Wenn in dem vorliegenden Text der Klassenlehrer sagt, dass ihm einige seiner Schüler Todesangst gestanden hätten (vgl. Z. 19 f.), so zeigt dies sehr deutlich, dass nicht alle Jugendlichen von den Aktivitäten dieser Extrem-Ausflüge begeistert sind. Wenn bei diesen Ausflügen dann einige Schüler spüren, wie ungeschickt oder ängstlich sie im Vergleich zu anderen sind, werden sie frustriert sein und manches nur wegen des Gruppendrucks machen. Schlimmstenfalls kann es bei solchen Extrem-Schulausflügen sogar dazu kommen, dass ängstlichere Schüler gehänselt und ausgegrenzt werden. Eine solche Situation fördert bestimmt nicht das Selbstwertgefühl, sondern führt im Gegenteil dazu, dass einzelne Schüler ausgegrenzt und verängstigt werden. Ein Beispiel dafür, wie leicht es in solchen Situationen zu Gruppendruck und Ausgrenzung kommen kann, ist der Sportunterricht. Auch hier kann man zum Teil beobachten, dass schlechtere Schüler ausgegrenzt werden, wenn einzelne Mannschaften zusammengestellt werden, oder auch der ein oder andere Schüler ausgelacht wird, wenn er die entsprechende Leistung nicht bringt.

Seite 44

11 zum Beispiel:

Vera Sprothen schreibt in ihrem Artikel „Klassenfahrt in Gefahr" aus der „Süddeutschen Zeitung" vom 23. 06. 2003 über den Trend, Klassenausflüge als Extremtraining zu gestalten, bei denen die Schüler lebensgefährlich erscheinende Situationen meistern müssen. Obwohl diese Art von Klassenausflügen auf den ersten Blick etwas Faszinierendes hat und das Bundesland Nordrhein-Westfalen sogar überlegt, auch Extremsportarten in das offizielle Wanderfahrtenprogramm aufzunehmen, scheinen doch einige Punkte bedenklich, wenn man sich eingehender mit diesem Thema beschäftigt. Bei einer Diskussion in unserer Klasse über solche Klassenausflüge kamen wir zu dem Ergebnis, dass solche Schulausflüge für uns nicht in Frage kommen. Im Folgenden will ich erörtern, was gegen solche Extrem-Schulausflüge spricht.

12 zum Beispiel:

Meiner Ansicht nach sollten sich Bundesländer wie Nordrhein-Westfalen noch einmal überlegen, ob sie solche Extrem-Schulausflüge tatsächlich in das offizielle Wanderfahrtenprogramm aufnehmen wollen. Aus den oben dargestellten Gründen wird deutlich, wie viele Nachteile solch ein Klassenausflug mit sich bringen kann. Das wichtigste Argument, das gegen solche Klassenausflüge spricht, ist, dass bei solchen Ausflügen durchaus Situationen entstehen können, in denen es zu Gruppendruck und zur Ausgrenzung einzelner Schüler kommen kann. Was als Riesenspaß verkauft wird, kann dann für einige Schüler schnell zum ausgewachsenen Albtraum werden.

13 zum Beispiel:

Die sprachlichen Wendungen sind unterstrichen: ____
Die Textstellen, die sich auf den vorliegenden Zeitungsartikel beziehen, sind so markiert: ┄┄┄

Gründe, warum die Erörterung gut ist:

Vera Sprothen schreibt in ihrem Artikel „Klassenfahrt in Gefahr" aus der „Süddeutschen Zeitung" vom 23. 06. 2003 über den Trend, Klassenausflüge als Extremtraining zu gestalten, bei denen die Schüler lebensgefährlich erscheinende Situationen meistern müssen. Obwohl diese Art von Klassenausflügen auf den ersten Blick etwas Faszinierendes hat und das Bundesland Nordrhein-Westfalen sogar überlegt, auch Extremsportarten in das offizielle Wanderfahrtenprogramm aufzunehmen, scheinen doch einige Punkte bedenklich, wenn man sich eingehender mit diesem Thema beschäftigt. Bei einer Diskussion in unserer Klasse über solche Klassenausflüge kamen wir zu dem Ergebnis, dass solche Schulausflüge für uns nicht in Frage kommen. Im Folgenden will ich erörtern, was gegen solche Extrem-Schulausflüge spricht.

Einleitung: Bezug zum Text (Autorin, Titel, Quelle und Kernaussage des Textes), dann Überleitung zum Thema

Zunächst ist anzuführen, dass solche Extrem-Schulausflüge **kein echtes Naturerlebnis** bieten. Wenn in dem Zeitungsartikel gesagt wird, dass die Anbieter solcher Ausflüge diese als „inszeniertes Abenteuer" (Z. 26) verkaufen, bei dem „echter Nervenkitzel" (Z. 11) einschließlich einer „Suppe mit Regenwürmern" (Z. 43) geboten wird, so zeigt dies deutlich, dass ein verfälschtes Bild von der Natur vermittelt wird. Die Natur erscheint nur noch als eine gefährliche Abenteuerkulisse, die sich gegen andere Unterhaltungsprogramme austauschen lässt, sodass eine echte Naturbegegnung gar nicht mehr stattfinden kann. Aus eigener Erfahrung kann ich sagen, dass eine organisierte Wanderung durch den Wald, zum Beispiel mit einem Förster oder mit einem Mitglied des BUNDs, im Gegensatz zu solchen Abenteuerausflügen viel mehr bietet, denn man lernt zum Beispiel, wie man sich im Gelände orientieren kann, und erfährt viel über das Ökosystem der Natur. Außerdem zeigen die vielen Angebote von Extremausflügen, die sich gezielt auf Schulen spezialisiert haben, dass hier mit der Natur, die eigentlich allen kostenlos zur Verfügung steht, Geld gemacht wird. Wenn Holger Kolb in dem Artikel bemerkt, dass die Nachfrage der Schulen nach derartigen Exkursionen stark angestiegen sei, so stellt sich die Frage, ob Schulen solche Entwicklungen unterstützen sollten.

Ein weiterer wichtiger Gesichtspunkt, der gegen die Aufnahme von Extrem-Schulausflügen ins offizielle Wanderfahrtenprogramm spricht, ist, dass mit einer solchen Art von Klassenfahrt **sehr hohe Kosten** verbunden sind. So heißt es beispielsweise in dem vorliegenden Zeitungsartikel, dass die Tagestouren „zwischen 18 und 30 Euro pro Person" (Z. 33) kosten, wobei man bedenken muss, dass bei einer solchen Klassenfahrt auch noch zusätzliche Kosten für die Anreise, die Unterkunft und die Verpflegung hinzukommen. Es ist vorstellbar, dass viele Eltern diese Kosten für eine Klassenfahrt nicht aufbringen können, vor allem dann, wenn sie mehrere Kinder haben. Eng damit verknüpft ist der Gesichtspunkt, dass die Schüler, die aus finanziellen Gründen an so einem Ausflug nicht teilnehmen können, ausgegrenzt werden. Jedoch soll eine Klassenfahrt gerade das Gruppengefühl stärken und nicht dazu führen, dass einzelne Schüler ausgegrenzt werden. Eine andere, kostengünstigere Klassenfahrt wirft das Problem „Geld" erst gar nicht auf. Aus eigener Erfahrung kann ich sagen, dass es immer wieder vorkommt, dass das Thema „Geld" bei Klassenfahrten ein wichtiger Punkt ist, der lange diskutiert wird. Dabei gibt es auch einige Schüler, die sich dafür schämen, zugeben zu müssen, dass ihre Eltern die nötigen Kosten nicht tragen können. Anstatt ihre Not mitzuteilen, melden sie sich dann lieber krank.

Hauptteil:
***1. Argument** mit Beispiel*

Lösungsheft

Das wichtigste Argument gegen solche Extrem-Schulausflüge ist, dass mit solchen Schulausflügen die **Gefahr von Gruppendruck und Ausgrenzung** *verbunden ist. Wenn in dem vorliegenden Text der Klassenlehrer sagt, dass ihm einige seiner Schüler Todesangst gestanden hätten (vgl. Z. 19 f.), so zeigt dies sehr deutlich, dass nicht alle Jugendlichen von den Aktivitäten dieser Extrem-Ausflüge begeistert sind. Wenn bei diesen Ausflügen dann einige Schüler spüren, wie ungeschickt oder ängstlich sie im Vergleich zu anderen sind, werden sie frustriert sein und manches nur wegen des Gruppendrucks machen. Schlimmstenfalls kann es bei solchen Extrem-Schulausflügen sogar dazu kommen, dass ängstlichere Schüler gehänselt und ausgegrenzt werden. Eine solche Situation fördert bestimmt nicht das Selbstwertgefühl, sondern führt im Gegenteil dazu, dass einzelne Schüler ausgegrenzt und verängstigt werden. Ein Beispiel dafür, wie leicht es in solchen Situationen zu Gruppendruck und Ausgrenzung kommen kann, ist der Sportunterricht. Auch hier kann man zum Teil beobachten, dass schlechtere Schüler ausgegrenzt werden, wenn einzelne Mannschaften zusammengestellt werden, oder auch der ein oder andere Schüler ausgelacht wird, wenn er die entsprechende Leistung nicht bringt.*

Meiner Ansicht nach sollten sich Bundesländer wie Nordrhein-Westfalen noch einmal überlegen, ob sie solche Extrem-Schulausflüge tatsächlich in das offizielle Wanderfahrtenprogramm aufnehmen wollen. Aus den oben dargestellten Gründen wird deutlich, wie viele Nachteile solch ein Klassenausflug mit sich bringen kann. Das wichtigste Argument, das gegen solche Klassenausflüge spricht, ist, dass bei solchen Ausflügen durchaus Situationen entstehen können, in denen es zu Gruppendruck und zur Ausgrenzung einzelner Schüler kommen kann. Was als Riesenspaß verkauft wird, kann dann für einige Schüler schnell zum ausgewachsenen Albtraum werden.

3. Argument *mit Beispiel*

Schluss: Aufgreifen des Einleitungsgedankens und Zusammenfassung des eigenen Standpunktes

Seite 46

1 a) *zum Beispiel:*

Laborschule: Lernlandschaften in Bielefeld
Ein Blick hinter die Mauern von Deutschlands einziger Versuchsschule

Klassenräume gibt es nicht, stattdessen lernen die 660 Schüler in großen „Lernlandschaften". Tafeln und Tischgruppen sind lediglich durch Stellwände getrennt. An der Laborschule in Bielefeld ist so vieles ganz anders.

Vieles läuft anders an Deutschlands einziger Laborschule in Bielefeld.
So sind Noten bis zur 8. Klasse tabu. Stattdessen beurteilen die rund 70 Lehrer ihre Schüler bis zur 8. Klasse mit Leistungsberichten. „Was hier als ungewöhnliches Schulexperiment gilt, ist in Schweden ganz normal", weiß Professor Klaus-Jürgen Tillmann, wissenschaftlicher Leiter der Laborschule. Ein außergewöhnlicher Lernort in Nordrhein-Westfalen, an dem schon der Unterrichtsbeginn kaum etwas mit dem einer gewöhnlichen Schule gemein hat. Kaspar und Leon bauen mit Holzklötzchen eine Brücke. Gleich nebenan sehen zwei Mädchen beim Kaninchenstall nach dem Rechten. Währenddessen sitzt Lehrerin Susanne Baumann barfüßig mit einem Schüler auf dem Fußboden, beantwortet seine Fragen. So langsam trudeln die anderen Kinder ein. Die Ankunftszeit ist gleitend von 8 bis 8.45 Uhr. „Diese Dreiviertelstunde ist uns sehr wichtig", betont Dr. Annemarie von der Groeben. „Da sollen die Kinder zur Ruhe kommen", so die Leiterin der Laborschule. Dann ist „Schulbeginn". Als hätte eine unsichtbare

Vor über 25 Jahren wurde in Bielefeld zu Forschungszwecken eine „Laborschule" gegründet, in der Schüler von der 1. bis zur 10. Klasse unterrichtet werden, ohne sie nach verschiedenen Schulformen (Sonderschule, Hauptschule, Realschule, Gymnasium) zu trennen.
Die Bielefelder Laborschule ist eine Ganztagsschule, die Schüler können nicht sitzen bleiben und bis zur 9. Klasse gibt es keine Noten.
Nach Abschluss der Laborschule haben die Schüler die Möglichkeit, auf die Oberstufe eines Gymnasiums zu wechseln und dort ihr Abitur zu machen.

Hand ein Zeichen gegeben, versammeln sich die Kinder in einer Ecke. Weder jetzt noch zur Pause schrillt eine Schulglocke. „Die Kinder wissen einfach, jetzt geht es los." Im Kreis sitzen sie da und fangen nach einer Begrüßung mit Mathe an.
„So wenig Belehrung wie nötig, so viel Erfahrung wie möglich" lautet ein Motto der Laborschule. Zudem sollen Kinder früh lernen, mit Unterschieden zu leben. Fünf- und Siebenjährige sind hier in einer Klasse, ebenso wie begabte und schwächere Schüler. „Die Schule soll ein Spiegelbild der Gesellschaft sein", erläutert von der Groeben. Dadurch lernen die Kinder außer Schreiben und Rechnen vor allem soziale Kompetenzen. Sie arbeiten schon früh zusammen in Gruppen. Auch in den höheren Klassen wird viel Unterrichtsstoff über Projektarbeit vermittelt. Dabei gibt es keine autoritären Strukturen. „Wir finden es klasse, unsere Lehrer duzen zu dürfen", meinen Lara und Merle begeistert.
Hier können Lehrer in Zusammenarbeit mit der Universität Bielefeld ihre Ideen ausprobieren: Etwa, ob der gemeinsame Unterricht von Neun-, Zehn- und Elfjährigen sinnvoll ist. Insgesamt 15 Projekte testen Lehrer und Wissenschaftler. Schließlich bewerten und veröffentlichen sie die Ergebnisse. So hat sich in Bielefeld das Prinzip der Ganztagsschule oder der Beginn mit Englisch in der dritten Klasse lange bewährt. Auch über die Einschulung mit fünf Jahren wird hier nicht diskutiert. Die gibt es seit 1974, als die Schule von Hartmut von Hentig gegründet wurde.
Auch wenn hier anfangs keine Noten zählen, die Leistung schon. „25 Fehler im Diktat sind für den einen Schüler eine enorme Leistungssteigerung, weil er vorher vielleicht 40 gemacht hat. Für einen anderen sind fünf Fehler schon viel", sagt Annemarie von der Groeben.
Jeder Schüler soll individuell gefördert werden. Für die Fünf- bis Achtjährigen gibt es keinen Stundenplan. Spielen und Lernen wechseln sich ab. In den oberen Stufen steht Gruppenarbeit an Projekten im Vordergrund. So müssen die älteren Schüler umfangreiche Jahresarbeiten schreiben. Liebevoll und detailliert hat etwa ein Mädchen auf 40 Seiten Stämme und Religionen der Indianer beschrieben, eine Arbeit mit Inhalts- und Literaturverzeichnis, die gut und gerne im ersten Unisemester abgegeben werden könnte.
Damit die Schüler in eine Ausbildung oder auf eine weiterführende Schule wechseln können, müssen sie sich in der 9. und 10. Klasse schließlich doch noch mit Noten anfreunden.
Niemand muss in der Laborschule eine Klasse wiederholen. „Dabei haben wir auch Schüler, die unter normalen Umständen auf eine Sonderschule für Lernbehinderte müssten", sagt Klaus-Jürgen Tillmann. Aber hier kümmern sich Lehrer und die anderen Schüler um die Schwäche-

20

Lösungsheft

ren. „*Wir müssen die Schule den Kindern anpassen und auf jeden Fall weg vom Selektionsdenken*", ist auch Annemarie von der Groeben überzeugt. Ein wenig schmunzelnd fügt sie hinzu: „*Das ist im Übrigen auch das Geheimnis der Finnen und Schweden. In den Schulen dort werden Solidarität, Hilfe für die Schwachen und Chancengleichheit großgeschrieben.*"

Bericht des WDR (Westdeutscher Rundfunk) vom 03.04.2003

b) *zum Beispiel: In dem Bericht des WDR vom 3. April 2003 mit dem Titel „Laborschule: Lernlandschaften in Bielefeld" wird die Laborschule in Bielefeld vorgestellt, eine Versuchsschule, die mit der Universität in Bielefeld zu Forschungszwecken zusammenarbeitet und neue Unterrichtsmethoden ausprobiert. Kennzeichnend für diese Ganztagsschule ist, dass sie nicht nach einzelnen Schulformen trennt, keine Benotung in den einzelnen Fächern vorsieht und Kinder aus verschiedenen Altersgruppen zusammen unterrichtet werden.*

2   a) *zum Beispiel:*

☐ *Behauptung **für** eine Schule nach Art der Bielefelder Laborschule: Eine Schule wie die Bielefelder Laborschule würde ich gerne besuchen.*
☐ *Behauptung **gegen** eine Schule nach Art der Bielefelder Laborschule: Eine Schule wie die Bielefelder Laborschule käme für mich nicht in Frage.*

b) und **3** *zum Beispiel:*

Die folgende Stoffsammlung ist eine für (pro) die Bielefelder Laborschule:
Zusammengehörige Punkte sind gleich markiert: _____ .... **fett**

Argument aus dem Text	Belege aus dem Text	eigene (weiterführende) Argumente	eigene (weiterführende) Belege
☐ *statt Noten Leistungsberichte, die den Lernfortschritt des einzelnen Schülers festhalten* ☐ *kein Sitzenbleiben*	☐ *Schüler sind verschieden: 25 Fehler im Diktat Leistungsverbesserung, wenn Schüler zuvor 40 Fehler gemacht hat*	☐ *Noten setzen Schüler unter Druck* ☐ *Noten spiegeln nur den Stand in der Klasse, nicht den eigenen Lernfortschritt → frustrierend* ☐ *Sitzenbleiben sprengt den Klassenverband und bestraft schwache Schüler → keine Motivation*	☐ *Schulangst, Schlafstörungen, viele Schüler nehmen Tabletten, vgl. Interview mit unserer Schulpsychologin in der letzten Schülerzeitung* ☐ *eigene Erfahrung (Mathe-Schularbeit)* ☐ *Schüler, die sitzen bleiben, werden eher schlechter als besser*
☐ *gleitende Ankunftszeit (von 8 bis 8.45 Uhr)*	☐ *Schüler treffen nach und nach ein; können in Ruhe ankommen*	☐ *bessere Berücksichtigung der unterschiedlichen Lebenssituationen und Bedürfnisse*	☐ *der Schulmorgen beginnt weniger stressig; Fahrschüler wie ich müssten z. B. nicht mehr so früh aufstehen, könnten günstigere Verbindungen wählen, wären ausgeschlafener, hätten gefrühstückt und könnten sich besser konzentrieren*
☐ *keine Schulglocke*	☐ *Kinder versammeln sich in Laborschule auch so zum Unterricht*	☐ *zeigt: Schulglocken nur in schlechten Schulen nötig, in denen die Schüler nicht gern lernen*	☐ *Beispiel: kaputter Schulgong letztes Jahr; viele sind erst einmal nicht in die Klassen gegangen, obwohl sie wussten, dass Unterricht ist*
☐ *Lernlandschaften statt Klassenräume* ☐ *gemischte Schulklassen*	☐ *viel Gruppen- und Projektarbeit* ☐ *Fünf- bis Siebenjährige in einer Klasse; begabte u. schwache Schüler (sogar Lernbehinderte!)*	☐ *angenehme Unterrichtssituation → besseres Arbeitsklima* ☐ *ältere Schüler können jüngeren Schülern oft besser etwas erklären als Lehrer*	☐ *bessere Möglichkeiten für kreative Unterrichtsmethoden, z. B. für Stegreifspiele* ☐ *Nachmittagsbetreuung durch ältere Schüler an unserer Schule → ältere Schüler kennen die „typischen" Denkfehler aus eigener Erfahrung*
☐ *statt Selektionsdenken Solidarität, Hilfe für Schwache und Chancengleichheit*	☐ *Kinder lernen, mit Unterschieden zu leben, Rücksicht zu nehmen u. zu helfen: erfolgreiches Schulkonzept, vgl. PISA-Sieger Finnland und Schweden*	☐ *an einer solchen Schule fühlen sich die Schüler wohler und wären erfolgreicher*	☐ *Finnland u. Schweden beweisen, dass dieses Konzept erfolgreich ist u. sogar zu besseren Leistungen führt*
☐ *herzlicher und vertrauter Umgang zw. Lehrern u. Schülern*	☐ *Lehrerin hockt lässig barfüßig auf Boden u. unterhält sich mit Schüler; Schüler dürfen sie duzen*	☐ *wenn man mit dem Lehrer vertrauter ist, macht Unterricht gleich mehr Spaß*	☐ *zeigt jeder längere Schulausflug, bei dem sich Lehrer und Schüler nähergekommen sind*
☐ *Laborschule entspricht neuesten pädagogischen Konzepten*	☐ *Ganztagsschule* ☐ *entspricht PISA-Vorbildern Schweden u. Finnland* ☐ *wissenschaftliche Beratung durch Universität* ☐ *seit 1974 erprobt*	☐ *gerade nach dem sog. „PISA-Schock" erscheint Schule nach dem Modell der Bielefelder Laborschule sinnvoll*	☐ *Laborschule u. skandinavische Länder belegen Erfolg; lt. WDR-Bericht machen 60 % aller Laborschüler Abitur (dagegen Satz in Bayern unter 30 %)*

Die folgenden Begriffe könnten Oberbegriffe für die Punkte in der Stoffsammlung sein:

☐ *Laborschule entspricht neuesten pädagogischen Konzepten und hat lange Tradition*
☐ *Besseres Lernklima*
☐ *Lernen in Gemeinschaft*
☐ **Statt Leistungsdruck Stärkung der sozialen Verantwortung**

21

Lösungsheft

Seite 47

4 Beispiel für eine Gliederung für (pro) die Bielefelder Laborschule:

A. Mit G8 wachsende Leistungserwartungen an Schüler; WDR-Bericht (3. 04. 2003) zeigt Alternative: „Laborschule: Lernlandschaften in Bielefeld"

B. Gründe für eine Schule nach Art der Bielefelder Laborschule

    I. Lernen in Gemeinschaft
       1. Verschiedene Altersgruppen
       2. Unterschiedliche Begabungen
    II. Besseres Lernklima
       1. Gruppen- und Projektarbeit
       2. Gleitender Schulbeginn
       3. Guter Umgang zwischen Lehrern und Schülern
    III. Statt Leistungsdruck Stärkung der sozialen Verantwortung
       1. Leistungsberichte statt Noten
       2. Kein Sitzenbleiben
       3. Stärkung von sozialen Fähigkeiten

C. Laborschule schülerfreundlicher und erfolgreicher als andere Schulen

> **Du kannst auch so gliedern:**
>
> 1 Einleitung
>
> 2 Hauptteil
>   2.1 erstes Argument
>   2.1.1 erster Unterpunkt
>   2.1.2 zweiter Unterpunkt
>   2.2 zweites Argument
>   2.2.1 erster Unterpunkt
>   2.2.2 zweiter Unterpunkt
>   2.3 drittes Argument
>   2.3.1 erster Unterpunkt
>   2.3.2 zweiter Unterpunkt
>
> 3 Schluss

5 Beispiel für eine Erörterung pro (für) die Bielefelder Laborschule:
Die sprachlichen Wendungen und Überleitungen sind unterstrichen: ____
Die Textstellen, die sich auf den vorliegenden WDR-Bericht beziehen, sind so markiert: ⌐⌐⌐⌐⌐

Gründe, warum die Erörterung gut ist:

In dem Bericht des WDR vom 3. April 2003 mit dem Titel „Laborschule: Lernlandschaften in Bielefeld" wird die Laborschule in Bielefeld vorgestellt, eine Versuchsschule, die mit der Universität in Bielefeld zu Forschungs-zwecken zusammenarbeitet und neue Unterrichtsmethoden ausprobiert. Kennzeichnend für diese Ganztags-schule ist, dass sie nicht nach einzelnen Schulformen trennt, keine Benotung in den einzelnen Fächern vorsieht und Kinder aus verschiedenen Altersgruppen zusammen unterrichtet werden. Seitdem vor einigen Jahren auch bei uns das achtjährige Gymnasium eingeführt wurde, haben die meisten Schüler viel mehr Stress in der Schule und weniger Spaß am Lernen. Eine Schule wie die Bielefelder Laborschule wäre meiner Meinung nach eine bessere Möglichkeit, die Schüler zu fördern. Im Folgenden werde ich erörtern, was für eine Schule wie die Biele-felder Laborschule spricht.

Einleitung: Bezug zum Text (Titel, Quelle und Kern-aussage des Textes), dann Überleitung zum Thema

<u>Der erste Pluspunkt</u> dieser Schule ist meiner Meinung nach, dass **hier in einer Gemeinschaft gelernt** wird, das heißt in Klassen, in denen Schüler aus verschiedenen Altersstufen zusammenarbeiten, aber auch starke und schwache Schüler vertreten sind. <u>Damit</u> wird gewährleistet, dass alle Schüler eine Chance bekommen und die stärkeren Schüler dabei lernen, die Schwächeren zu unterstützen. So kommen sogar Schüler weiter, die im ge-wöhnlichen Schulsystem eine Sonderschule besuchen müssten. Gleichzeitig lernen ältere Schüler, Verantwor-tung für jüngere Schüler zu übernehmen. <u>Aus eigener Erfahrung</u> durch die Hausaufgabenbetreuung am Nach-mittag weiß ich, dass ältere Schüler schwierigen Unterrichtsstoff oft besser erklären können als die Lehrer, weil sie sich besser in die Lage der Schüler hineinversetzen können. <u>Außerdem</u> können die Schüler untereinander oft offener über ihre Probleme mit dem Schulstoff sprechen, weil sie sich vor einem anderen Schüler nicht schämen müssen, etwas nicht verstanden zu haben.

Hauptteil:
1. Argument mit Beispiel

<u>Ein weiterer Gesichtspunkt, der für die Bielefelder Laborschule spricht, ist,</u> dass dort insgesamt ein **besseres und kreativeres Lernklima** herrscht. So wird in der Laborschule schon sehr früh in Gruppen zusammengearbeitet und in den höheren Unterrichtsklassen wird sehr viel Unterrichtsstoff in Projekten erlernt. Unsere Projektwoche in der Schule hat mir gezeigt, wie viel Spaß es machen kann, mit anderen gemeinsam an einem Thema zu arbeiten. Man lernt nicht nur besser, sondern versteht die Sachen, die man sich selbst erarbeitet hat, auch viel schneller als im normalen Unterricht. Auch die gleitende Ankunftszeit am Morgen zwischen 8 Uhr und 8:45 Uhr trägt bestimmt zu einer besseren Arbeitsatmosphäre bei, weil die Schüler nicht schon am Morgen gestresst in die Schule kommen. <u>Wie die Leiterin der Laborschule in dem Bericht erläutert,</u> ⌐ist diese Dreiviertelstunde wichtig, weil hier „die Kinder zur Ruhe kommen" (Z. 24)⌐. Als Fahrschülerin kann ich diese Aussage nur bekräftigen, denn mit einer gleitenden Ankunftszeit könnte ich auch mal einen späteren Bus nehmen und müsste mich nicht jeden Morgen abhetzen. Betont wird in dem WDR-Bericht zudem, dass in der Schule auch die strengen Formen vermieden werden. ⌐So berichten zwei Schülerinnen, dass sie es klasse fänden, ihre Lehrer duzen zu dürfen (vgl. Z. 42)⌐. Auch wenn das Duzen vielleicht nicht unbedingt notwendig für einen guten Umgang zwischen Lehrern und Schülern ist, so zeigt es doch deutlich, wie vertraut und herzlich das Verhältnis zwischen Lehrern und Schülern ist. Wie wichtig so ein guter Umgang ist, sieht man schon bei einem längerer Klassenausflug, bei dem sich Schüler und Lehrer näherkommen. Anschließend macht der Unterricht bei diesen Lehrern viel mehr Spaß.

2. Argument mit Beispiel

<u>Das wichtigste Argument für die Bielefelder Laborschule ist,</u> dass hier **ohne Leistungsdruck gelernt wird und soziale Verantwortung mehr zählt als gute Noten.** Wie es in dem Bericht heißt, gibt es bis zur achten Klasse Leistungsberichte statt Noten. Diese Leitungsberichte sind viel aussagekräftiger, weil sie jedem einzelnen Schüler deutlich machen, welche Fortschritte er erzielt hat. ⌐Der WDR-Bericht macht das mit einem Beispiel deutlich: 25 Fehler im Diktat sind für den einen Schüler, der zuvor 40 Fehler gemacht hat, eine große Verbesse-rung und für den anderen, der früher viel weniger Fehler gemacht hat, eine Verschlechterung.⌐ Zudem ist ein

3. Argument mit Beispiel

22

Lernen ohne Noten auch viel fruchtbarer, weil durch die Noten oft ein Leistungsdruck aufgebaut wird, der das Lernen blockiert und sogar krank machen kann. Viele Schüler bei uns leiden unter diesem Leistungsdruck, haben Angst und sogar Schlafstörungen. In der Bielefelder Laborschule gibt es aber auch kein Sitzenbleiben, was sehr zu begrüßen ist. Ich weiß aus Erfahrung, dass viele, wenn sie eine Klasse wiederholen müssen, so frustriert sind, dass sie sich beim Wiederholen auch nicht sonderlich anstrengen und schon bald wieder ihre schlechten Noten haben. Sie vermissen ihre Freunde aus der alten Klasse und fühlen sich regelrecht aussortiert. Gerade solche negativen Gefühle will die Laborschule offensichtlich vermeiden. Alle Schüler sollen eine Chance bekommen und nicht nach ihrer Leistung aussortiert werden. Wenn die Schulleiterin darauf hinweist, dass in den Schulen der Finnen und Schweden „Solidarität, Hilfe für die Schwachen und Chancengleichheit großgeschrieben" (Z. 84) werden und man sich daran orientieren will, zeigt dies deutlich, dass an dieser Schule die sozialen Fähigkeiten der Schüler im Vordergrund stehen. Damit erkennen die Schüler auch, dass es im Leben nicht allein auf gute Noten ankommt, sondern auch auf gegenseitige Rücksichtnahme und Hilfe.

Zusammenfassend lässt sich sagen, dass die Laborschule in Bielefeld viel schülerfreundlicher und menschlicher erscheint, weil sie wirklich alle Schüler fördern will und darauf achtet, dass keiner zurückbleibt. Weil gesellschaftlich wichtige Werte wie Verantwortung, Chancengleichheit und gegenseitige Hilfe im Vordergrund stehen, denke ich, dass so eine Schule ihre Schüler viel besser auf das spätere Leben vorbereitet, als es andere Schulen tun. Hätte ich die Wahl, würde ich so eine Schule gerne besuchen.

Schluss: Zusammenfassung und Bekräftigung des eigenen Standpunktes

Seite 48

1 **Auswertung:** *Prüfe, was du bei jeder Frage angekreuzt hast, und zähle dann deine Punkte zusammen. (Du findest die Punkte in der oberen Spalte.) Weiter unten findest du dann dein Testergebnis sowie Tipps zum Mitschreiben.*

Punkte	*3*	*2*	*1*
1 Schreibst du auf, was deine Mitschüler im Unterricht sagten?	oft	manchmal	nie
2 Schreibst du dir Fragen auf, die du im Unterricht stellen willst?	oft	manchmal	nie
3 Mitzuschreiben, wenn jemand spricht, fällt dir	ganz leicht	schwer	sehr schwer
4 Fertigst du eigene Skizzen und Schaubilder zu Texten an?	oft	manchmal	nie
5 Verwendest du Abkürzungen, wenn du etwas aufschreibst?	oft	manchmal	nie
6 Welche Farben benutzt du beim Aufschreiben und Unterstreichen?	Ich benutze Farben, um Wichtiges zu markieren.	Ich schreibe mit Füller und unterstreiche auch damit.	Ich unterstreiche meistens nichts.

Testergebnis
- ☐ **18 bis 15 Punkte:** Du schreibst regelmäßig wichtige Unterrichtsinhalte auf und hast schon sehr gute Mitschreibstrategien entwickelt. Das Mitschreiben einer Unterrichtsstunde sollte für dich kein Problem sein.
- ☐ **14 bis 9 Punkte:** Du beherrschst schon einige Grundregeln für das Mitschreiben wichtiger Unterrichtsinhalte. Du solltest aber das Mitschreiben noch ein bisschen trainieren. Die unten stehenden Tipps helfen dir dabei.
- ☐ **8 bis 6 Punkte:** Du musst das Mitschreiben wichtiger Unterrichtsinhalte noch üben und deine Vorgehensweise beim Mitschreiben unbedingt trainieren. Die unten stehenden Tipps helfen dir dabei.

Trainingstipps zum Mitschreiben
- ☐ Versuche möglichst oft, wichtige Unterrichtsinhalte mitzuschreiben. Kontrolliere anschließend zu Hause, ob du den Inhalt der Unterrichtsstunde anhand deiner Mitschrift nachvollziehen kannst.
- ☐ Schreibe dir Fragen auf, die du im Unterricht stellen willst.
- ☐ Schreibe nur das Wesentliche mit (häufig genügen Stichworte).
- ☐ Hebe Wichtiges durch Unterstreichungen hervor.
- ☐ Mache logische Zusammenhänge durch Pfeile deutlich →.
- ☐ Ordne deine Notizen optisch, z. B. durch Spiegelstriche oder Nummerierungen.
- ☐ Verwende Abkürzungen (die wichtigsten Abkürzungen findest im Schulaufgabentrainer auf Seite 48).

2 *Deine Mitschrift könnte so aussehen:*

Andreas Gryphius
- ☐ *1616 in Glogau (Schlesien, heutiges Polen)
- ☐ Leben d. 30-jähr. Krieg beeinflusst, z. B. Plünderung d. Heimatstadt
- ☐ berühmt d. Gedichte, z. B. „Es ist alles eitel", „Menschliches Elende" (Sonette)
- ☐ † 1664 (47 Jahre)

3 *zum Beispiel: Andreas Gryphius wurde 1616 im schlesischen Glogau, das heute zu Polen gehört, geboren. Der Dreißigjährige Krieg beeinflusste sein Leben, zum Beispiel wurde seine Heimatstadt geplündert. Berühmt wurde Gryphius durch seine Gedichte, die man auch Sonette nennt. Dazu zählen beispielsweise „Es ist alles eitel" und „Menschliches Elende". Gryphius starb 1664 mit 47 Jahren.*

Lösungsheft

Seite 49

1 *Deine Mitschrift könnte so aussehen:*
   1 Begrüßung u. Anwesenheitskontrolle
   ☐ *27 Schüler → Claudia Berger krank*

   2 Organisatorisches
   ☐ *Frau Karl: Austeilen Elternbrief mit Infos zum Wandertag*

   3 Unterrichtsgespräch über Werbung (Eitelkeit)
   ☐ *Werbung m. Schönheitsprodukten → Diskussion*
   ☐ *Begriff „Eitelkeit" → Jugend und Schönheit vergänglich, aus Eitelkeit Schönheitsprodukte gekauft → Wort „Eitelkeit"*
      → Ursprung lat. „vanitas" = Vergänglichkeit → ein Hauptmotiv im Barock
   ☐ *Def. Vanitas: Leben auf Erden vergänglich, deshalb wertlos → Vorbereitung auf Leben im Himmel*

   4 Barockgedicht von Gryphius „Es ist alles eitel" (s. Arbeitsblatt; Arbeitsblatt auf Folie an die Wand projiziert)
   a) Lesen des Gedichts
   b) inhaltliche Erschließung
   ☐ *Thema Vergänglichkeit im Gedicht: in Überschrift und Vers 1 angesprochen*
   ☐ *Partnerarbeit: Gegensatzpaare für Vergänglichkeit in den ersten beiden Strophen finden (s. Arbeitsblatt)*
      → Gegensätzlichkeit = Antithetik = Stilmittel d. Barock → drückt Vanitas-Gedanke d. Barock aus
   ☐ *Nomen, die Vanitas-Gedanke im Gedicht ausdrücken (s. Arbeitsblatt)*
   ☐ *letzte Gedichtzeile, Absicht: Ermahnung, sich am Jenseits/Ewigkeit zu orientieren ↔ Vergänglichkeit/Leid auf Erden*
   c) formale Erschließung:
   ☐ *4 Strophen (1. u. 2. = 4 Zeilen; 3. u. 4. = 3 Zeilen) → 2 Quartette (1. u. 2. Str.) u. 2 Terzette (3. u. 4. Str.)*
   ☐ *Reime: umschließende R. in Quartetten; Paarreime u. umschl. R. in Terzetten (s. Arbeitsblatt) → formaler Aufbau = typisches Sonett*
   ☐ *Vorlesen der ersten Strophe mit Betonung: Vers = sechshebiger Jambus + Pause (Zäsur) in Mitte*
      → trennt Gegensatzpaare = Alexandriner

   5 Hausaufgabe
   ☐ *Arbeitsblatt zum Sonett lernen*

Seite 52

2 *14. Oktober 2008, 8–8.45 Uhr,*
   Klassenzimmer der 8b des Johannes-Gutenberg-Gymnasiums,
   27 Schüler/innen
   Thema: ✓ *Andreas Gryphius*   ✓ *Ein Barockgedicht von*
   1 Begrüßung durch Fr. Karl u. Anwesenheitskontrolle
   2 Organisatorisches
   ☐ ✓ *Wandertag*   ✓ *Austeilen eines Elternbriefs zum*
   ☐ ~~*Diskussion zw. Fr. K. + Florian → Grund: Florian unzufrieden mit dem Ziel*~~
   3 Unterrichtsgespräch über Bedeutung des Wortes „eitel"
   ☐ *Einstieg: Werbung von Schönheitsprodukten*
      → ~~Leute kaufen Produkte, weil sie Models toll finden~~
      → haben Angst, Jugend und Schönheit zu verlieren, sind eitel
      → Barock: Wort „Eitelkeit" ✓ *hatte auch im Barock Bedeutung* ✓   ✓ *Ursprung lat. „vanitas" = Vergänglichkeit;* ✓ *Vergänglichkeit*
   4 Arbeitsblatt mit Gedicht ✓ *wird ausgeteilt sowie auf Folie an die Wand* ✓ *„Es ist alles eitel"*
      projiziert
      a) Gedicht wird vorgelesen → ~~Philipp liest, muss oft verbessert werden~~
      b) Inhalt
      ☐ *viele Gegensatzpaare (Verben und Nomen) im Gedicht* ✓   ✓ *Antitehtik, wichtiges Stilmittel im Barock*
         → Gegensatzpaare (s. Arbeitsblatt) drücken aus, dass alles vergänglich ist
         → Vanitas-Gedanke im Gedicht

3 *zum Beispiel:*
   Die Mitschrift ist sehr übersichtlich: Gliederung in Tagesordnungspunkte (1, 2, 3 etc.), Spiegelstriche für die einzelnen Gedanken, knappe Formulierung in Stichworten

24

Lösungsheft

Seite 53

4 *zum Beispiel:*

Protokoll über die Deutschstunde in der Klasse 8b

Datum: 14. Oktober 2008
Zeit: 8.00–8.45 Uhr
Ort: Klassenzimmer der 8b des Johannes-Gutenberg-Gymnasiums
Anwesende: 27 Schülerinnen und Schüler
Abwesende: Claudia Berger
Protokollführer/-in: Hier muss dein eigener Name stehen
Thema der Stunde: ein Barockgedicht von Andreas Gryphius

Tagesordnung/Stundeninhalte:
TOP 1: Organisatorisches: Elternbrief zum Wandertag
TOP 2: Bedeutung des Begriffs „Eitelkeit"
TOP 3: Untersuchung des Gedichts „Es ist alles eitel" von Andreas Gryphius
a) Lesen des Textes
b) inhaltliche Erschließung
c) formale Erschließung
TOP 4: Hausaufgaben

Seite 54

5 *zum Beispiel:*

zu TOP 1: Organisatorisches: Elternbrief zum Wandertag
Zu Beginn der Stunde verteilt Frau Karl einen Elternbrief mit Informationen zum Wandertag.

zu TOP 2: Bedeutung des Begriffs „Eitelkeit"
Zunächst wird anhand von Werbung für Schönheitsprodukte über den Begriff „Eitelkeit" gesprochen. Es wird geäußert, dass sich in dem Begriff „Eitelkeit" der Wunsch nach Schönheit und Jugend ausdrückt, die aber vergänglich sind. Das Wort „Eitelkeit" hat seinen Ursprung im lateinischen „vanitas" und dies bedeutet „Vergänglichkeit. Es wird ergänzt, dass die „Vergänglichkeit" oder „vanitas" im Barock eine wichtige Rolle spielt und bedeutet, dass alle Dinge im Unterschied zum Jenseits vergänglich sind. Deshalb sollen sich die Menschen schon zu Lebzeiten am Jenseits orientieren. Um das Thema „Vergänglichkeit" geht es auch in dem Barockgedicht „Es ist alles eitel" von Andreas Gryphius.

zu TOP 3: Untersuchung des Gedichts „Es ist alles eitel" von Andreas Gryphius
a) Lesen des Textes
   Das Gedicht „Es ist alles eitel" von Andreas Gryphius wird auf einem Arbeitsblatt ausgeteilt sowie auf einer Folie an die Wand projiziert und danach von einem Schüler vorgelesen.
b) inhaltliche Erschließung
   Im Anschluss an die Lektüre wird über das Thema des Gedichts gesprochen. In dem Gedicht geht es um das Thema „Vergänglichkeit", dies wird in der Überschrift und im ersten Vers deutlich. Anschließend werden in Partnerarbeit Gegensatzpaare (Nomen und Verben) aus den ersten beiden Strophen des Gedichts herausgesucht, die diese Gegensatzpaare verbildlichen, z. B.: „baut – reißt … ein", Städte – Wiese", „blüht – zertreten", „lacht – donnern" und „Glück – Beschwerden". Frau Karl erklärt, dass diese Gegensätzlichkeit Antithetik heißt und ein wichtiges Stilmittel des Barock ist. Weitere Nomen, die diesen Vanitas-Gedanken im Gedicht ausdrücken, sind „Asch und Bein", „Nichtigkeit", „Schatten" sowie „Staub und Wind". Schließlich wird über die letzte Zeile des Gedichts gesprochen.

Seite 55

6 *zum Beispiel:*

Protokoll über die Deutschstunde in der Klasse 8b

Datum: 14. Oktober 2008
Zeit: 8.00–8.45 Uhr
Ort: Klassenzimmer der 8b des Johannes-Gutenberg-Gymnasiums
Anwesende: 27 Schülerinnen und Schüler
Abwesende: Claudia Berger
Protokollführer/-in: (Hier muss dein eigener Name stehen.)
Thema der Stunde: ein Barockgedicht von Andreas Gryphius

Tagesordnung/Stundeninhalte:
TOP 1: Organisatorisches: Elternbrief zum Wandertag
TOP 2: Bedeutung des Begriffs „Eitelkeit"
TOP 3: Untersuchung des Gedichts „Es ist alles eitel" von Andreas Gryphius
a) Lesen des Textes
b) inhaltliche Erschließung
c) formale Erschließung
TOP 4: Hausaufgaben

Gründe, warum das Unterrichtsprotokoll gut ist:

☐ *Der Protokollkopf ist vollständig und enthält alle notwendigen Informationen.*

☐ *Als Tagesordnungspunkte werden die Stundeninhalte übersichtlich aufgeführt.*

Gründe, warum das Unterrichtsprotokoll gut ist:

zu TOP 1: Organisatorisches: Elternbrief zum Wandertag
Zu Beginn der Stunde verteilt Frau Karl einen Elternbrief mit Informationen zum Wandertag.

zu TOP 2: Bedeutung des Begriffs „Eitelkeit"
Zunächst wird im Unterrichtsgespräch anhand von Werbung für Schönheitsprodukte über den Begriff „Eitelkeit" gesprochen. Es wird geäußert, dass sich in dem Begriff „Eitelkeit" der Wunsch nach Schönheit und Jugend ausdrückt, die aber vergänglich sind. Das Wort „Eitelkeit" hat seinen Ursprung im lateinischen „vanitas" und dies bedeutet „Vergänglichkeit". Es wird ergänzt, dass die „Vergänglichkeit" oder „vanitas" im Barock eine wichtige Rolle spielt und bedeutet, dass alle Dinge im Unterschied zum Jenseits vergänglich sind. Deshalb sollen sich die Menschen schon zu Lebzeiten am Jenseits orientieren. Um das Thema „Vergänglichkeit" geht es auch in dem Barockgedicht „Es ist alles eitel" von Andreas Gryphius.

☐ *Das Protokoll ist sachlich und abwechslungsreich formuliert.*
☐ *Es wird durchgehend das Präsens verwendet.*
☐ *Das Protokoll enthält viele Passivformulierungen, die sachlicher als das Aktiv wirken.*
☐ *Wichtige Redebeiträge werden in einem Aussagesatz oder als indirekte Rede wiedergegeben.*
☐ *Es wird vermerkt, wie die Ergebnisse entstanden sind (z. B. im Unterrichtsgespräch, in Partnerarbeit) oder die Sprecher (z. B. Frau Karl) werden mit Namen genannt.*

zu TOP 3: Untersuchung des Gedichts „Es ist alles eitel" von Andreas Gryphius
a) *Lesen des Textes*
  Das Gedicht „Es ist alles eitel" von Andreas Gryphius wird auf einem Arbeitsblatt ausgeteilt sowie auf einer Folie an die Wand projiziert und danach von einem Schüler vorgelesen.
b) *inhaltliche Erschließung*
  Im Anschluss an die Lektüre wird über das Thema des Gedichts gesprochen. In dem Gedicht geht es um das Thema „Vergänglichkeit", dies wird in der Überschrift und im ersten Vers deutlich. Anschließend werden in Partnerarbeit Gegensatzpaare (Nomen und Verben) aus den ersten beiden Strophen des Gedichts herausgesucht, die diese Gegensatzpaare verbildlichen, z. B.: „baut – reißt ... ein", „Städte – Wiese", „blüht – zertreten", „lacht – donnern" und „Glück – Beschwerden". Frau Karl erklärt, dass diese Gegensätzlichkeit Antithetik heißt und ein wichtiges Stilmittel des Barock ist. Weitere Nomen, die diesen Vanitas-Gedanken im Gedicht ausdrücken, sind „Asch und Bein", „Nichtigkeit", „Schatten" sowie „Staub und Wind". Schließlich wird über die letzte Zeile des Gedichts gesprochen. Es wird festgestellt, dass der Autor mit dieser Zeile die Menschen ermahnen will, sich am Jenseits, also an der Ewigkeit, zu orientieren, die im Gegensatz zur Vergänglichkeit und zum Leiden auf Erden steht.
c) *formale Erschließung*
  Im Unterrichtsgespräch wird zum Schluss auch noch die Form des Gedichtes behandelt. Das Gedicht hat insgesamt vier Strophen, die ersten beiden Strophen haben vier Zeilen und die letzten beiden Strophen drei Zeilen. Die vierzeiligen Strophen werden Quartette genannt und die dreizeiligen Strophen Terzette. In den Quartetten liegen umschließende Reime vor, in den Terzetten Paarreime und ein umschließender Reim. Anschließend wird durch das Vorlesen der ersten Strophe das Versmaß ermittelt. Es liegt ein sechshebiger Jambus vor, der in der Mitte eine Pause aufweist, die auch Zäsur genannt wird und die Gegensatzpaare trennt. Diese Form des Verses nennt man Alexandriner. Gedichte, die in dieser Weise aufgebaut sind, nennt man Sonette.

zu TOP 4: Hausaufgaben
Als Hausaufgabe soll das Arbeitsblatt zum Sonett gelernt werden.

München, den 14. Oktober 2008

(Hier muss deine Unterschrift stehen.)

☐ *Der Schluss enthält alle notwendigen Angaben (Ort, Datum und Unterschrift).*

Seite 56

1 *Weiterführende Tipps, um das Thema zu erfassen und Leitfragen zu formulieren:*
Bevor du Informationsmaterial zu deinem Thema suchst, musst du dir darüber klar werden, welches Ziel dein Referat oder deine Präsentation hat und worüber du informieren möchtest.
Ein Cluster kann dir helfen, verschiedene Punkte zu deinem Thema zu sammeln, z. B.:

Lösungsheft

Seite 57

2 Weiterführende Tipps zur Informationsrecherche:
- ☐ Verschaffe dir erst einmal einen Überblick über dein Informationsmaterial. Wähle wesentliche und interessante Informationen aus, die gut zu deinem Thema passen. Markiere die Informationen, die für dein Referat oder deine Präsentation wichtig sind.
- ☐ Kopiere wichtige Beiträge für deine Materialsammlung.
- ☐ Drucke dir brauchbare Seiten, die du im Internet gefunden, aus. Achte aber darauf, nicht zu viel auszudrucken. Beschränke dich auf die wichtigsten und besten Beiträge.
- ☐ In Büchern kannst du wichtige Seiten auch mit farbigen Zetteln oder Einlegeblättern markieren.

Hinweis: Vergiss nicht, dir die Quellenangaben zu notieren (Ort, wo du das Material gefunden hast, z. B. bei einem Buch: Name des Autors, Titel des Buches, Seitenangaben, Erscheinungsort und -jahr).

Seite 58

3 Weiterführende Tipps zum Auswerten deines Informationsmaterials:
Lies die Texte genau. Wenn es sich um eine Kopie oder einen Ausdruck handelt, kannst du die wichtigsten Informationen markieren. Falls du dir ein Buch ausgeliehen hast, schreibst du dir die wichtigsten Informationen heraus. Notiere dir hier den Titel und den Autor des Buches, damit du später weißt, woher du diese Informationen hast.

4 Weiterführende Tipps für die Gliederung:
Lege fest, in welcher Reihenfolge du die Informationen vortragen möchtest. Überlege dir hierbei, welche Themenschwerpunkte dein Referat haben soll. Folgende Fragen können dir hierbei helfen:
- ☐ Welche Informationen müssen am Anfang stehen, weil sie wichtig für das Verständnis der weiteren Ausführungen sind?
- ☐ Welche allgemeinen Informationen solltest du an den Anfang stellen, um dann mit spezielleren Informationen fortzufahren?
- ☐ Kannst du chronologisch (der Reihe nach) vorgehen?

5 und **6** Weiterführende Tipps für die Gestaltung von Einleitung und Schluss:
Einleitung und Schluss bilden den Rahmen deines Referats.
- ☐ Deine Einleitung soll in das Thema einführen und deine Zuhörer neugierig machen. Hier stehen dir alle Möglichkeiten offen. Du kannst eine überraschende Erkenntnis nennen, eine Frage stellen, ein Zitat anführen, eine Bild/eine Karikatur zeigen oder einen Überblick über den Ablauf deines Referats bzw. deiner Präsentation geben.
- ☐ Am Schluss fasst du die wichtigsten Informationen noch einmal zusammen oder du teilst deine Meinung zum Thema mit oder du fasst zusammen, was du besonders interessant fandest.

Seite 59

7 Weiterführende Tipps zur Auswahl von Anschauungsmaterial:
Dein Publikum kann die Informationen deines Referats oder deiner Präsentation noch besser behalten, wenn es diese nicht nur hört, sondern auch sieht. Daher solltest du genau überlegen, an welchen Stellen du Anschauungsmaterial oder Hör- oder Filmbeispiele einfügen willst. Achte aber darauf, dass diese Medien unterstützenden Charakter haben. Ein Film ersetzt kein Referat und keine Präsentation.
Folgende Medien stehen dir zur Verfügung:

Tafel	**Diaprojektor**	**Folie/Tageslichtprojektor**
Thema	Bildbeispiele	Diagramme
Namen		Tabellen
Daten		Grafiken
Fachbegriffe		Zitate
Wandzeitung	**Anschauungsobjekte**	
Fotos	Modelle	
Karikaturen	Versuchsaufbau	**Plakat**
Kurztexte	Gegenstände	Gliederung des Referats
		Thesen

8 Weiterführende Tipps für das Erstellen der Vortragskarten:
Du kannst deine Notizen auch mit dem Computer schreiben, diese dann ausdrucken und auf die Karteikarten kleben.

9 Weiterführende Tipps für deinen Vortrag:
- ☐ Lass dir für deinen Vortrag Zeit.
- ☐ Sprich laut und deutlich.
- ☐ Verwende kurze Sätze statt Schachtelsätze.
- ☐ Lege Pausen beim Sprechen ein. So können dir deine Zuhörer besser folgen.
- ☐ Halte Blickkontakt mit deinen Zuhörern, dann siehst du auch, ob es Zwischenfragen gibt.

Lösungsheft

Seite 60

1. Teil (Kompetenzbereich I): Textzusammenfassung und Textverständnis
Aufgaben zum Text „Der Koch und der Kranich" von Giovanni Boccaccio (▷ S. 61) und zu einer Karte (▷ S. 65).

1 **Punkteverteilung für die Aufgabe 1:**
Für jedes richtige Kreuz erhältst du einen Punkt. Du kannst also insgesamt sechs Punkte erreichen.
Hast du in einem Abschnitt (Kästchen) ein falsches Kreuz oder mehr als ein Kreuz gesetzt, bekommst du für diesen Abschnitt (dieses Kästchen) keinen Punkt.

Abschnitt 1 (▷ Z. 1–10)
- Der Koch, ein listiger „Windhund"
- ✗ Der Auftrag an den Koch
- Das Jagdglück des Herrn Gianfigliazzi
- Die Falkenjagd

Abschnitt 2 (▷ Z. 11–22)
- Brunetta und die Keule
- Chichibios Leichtsinn
- Brunettas List
- ✗ Chichibio gibt nach

Abschnitt 3 (▷ Z. 23–33)
- Wie Chichibio seinen Herrn überlistet
- Wie Currado seinem Koch mit Strafe droht
- Wie Chichibio seinen Kopf aus der Schlinge zieht
- ✗ Wie den Koch eine Ausrede in Gefahr bringt

Abschnitt 4 (▷ Z. 34–39)
- ✗ Eine bedrohliche Situation
- Herr und Koch zurück zum Tatort
- Der neugierige Currado
- Die zornige Currado

Abschnitt 5 (▷ Z. 40–47)
- Chichibios wohlüberlegte Antwort
- ✗ Chichibios rettender Einfall
- Chichibios Rettung – schlafende Kraniche
- Chichibio kommt mit dem Schrecken davon

Abschnitt 6 (▷ Z. 48–50)
- Die witzige Antwort
- ✗ Der Lohn der Schlagfertigkeit
- Gelächter über einen Witz
- Die gute Laune des Herrn

Punktzahl Aufgabe 1 gesamt:

2 **Punkteverteilung für die Aufgabe 2:**
Für jedes richtige Kreuz erhältst du einen Punkt. Du kannst also insgesamt vier Punkte erreichen.
Hast du in einem Abschnitt (Kästchen) ein falsches Kreuz oder mehr als ein Kreuz gesetzt, bekommst du für diesen Abschnitt (dieses Kästchen) keinen Punkt.

	richtig	falsch	Angaben nicht im Text enthalten
Nur weil Chichibio seine geliebte Brunetta nicht enttäuschen wollte, dachte er sich den verwegenen Plan mit der Kranichkeule aus.		✗	
Chichibio wusste zunächst nicht, wie er der Bestrafung entgehen könnte.	✗		✗
Kraniche waren in Italien eine sehr seltene, aber äußerst beliebte Jagdbeute.			✗
Currados Vermutung, was mit der einen gebratenen Kranichkeule geschehen ist, ist falsch.	✗		

Punktzahl Aufgabe 2 gesamt:

Seite 63

3 **Punkteverteilung für die Aufgabe 3:**
Für jedes richtige Kreuz erhältst du einen Punkt. Du kannst also insgesamt fünf Punkte erreichen.
Hast du bei einer Teilaufgabe ein falsches Kreuz oder mehr als ein Kreuz gesetzt, bekommst du für diese Teilaufgabe keinen Punkt.

a) In Zeile 20 heißt es: „im Handumdrehen". Das beutet hier:
- nach und nach
- überraschenderweise
- ✗ rasch
- handgreiflich

b) In Zeile 21 f. heißt es, der Koch wolle es sich mit Brunetta „nicht verderben". Das bedeutet hier:
- Er hat Angst, sie könne das Gericht verderben.
- ✗ Er möchte nicht, dass sich das Verhältnis zu Brunetta verschlechtert.
- Er will nur das Beste für Brunetta.
- Er will nicht, dass Brunetta hungrig weggehen muss.

c) In Zeile 28 f. heißt es „In Anbetracht der Gäste". Das bedeutet hier:
- Aus Sorge um die Gäste
- Trotz der Gäste
- ✗ Wegen der Gäste
- Ungeachtet der Gäste

d) In Zeile 25 heißt es, dass Chichibio „prompt" antwortete. Das bedeutet hier:
- ✗ schlagfertig
- zögerlich
- selbstsicher
- hastig

e) In Zeile 34 heißt es, dass Currado „seinen Ärger keineswegs verschlafen" habe. Das bedeutet hier:
- ✗ Sein Ärger ist nicht geringer geworden.
- Currado hat vor, sich zu rächen.
- Currado ist vor Ärger heute früher aufgestanden.
- Currado weiß sich vor Ärger kaum zu beherrschen.

Punktzahl Aufgabe 3 gesamt:

28

Lösungsheft

4 **Punkteverteilung für die Aufgabe 4:**
Für jedes richtige Kreuz erhältst du einen Punkt. Du kannst also insgesamt zwei Punkte erreichen.
Hast du mehr als zwei Kreuze bei dieser Aufgabe gesetzt, bekommst du für diese Aufgabe keinen Punkt.

Currado bestraft seinen venezianischen Koch Chichibio nicht,

✗ *obwohl dieser mit einer Strafe rechnet.*
✗ *weil Chichibio durch eine pfiffige Antwort seinen Herrn milde stimmt.*

▨ *sodass er seine gut bezahlte Stelle als Koch behalten kann.*
▨ *damit die Gäste nicht Zeugen des Streits werden müssen.*
▨ *da er dem Koch eine Chance geben will, seine Unschuld zu beweisen.*

Punktzahl Aufgabe 4 gesamt:

Seite 64

5 **Punkteverteilung für die Aufgabe 5:**
Für jedes richtige Kreuz bekommst du einen Punkt. Du kannst also insgesamt zwei Punkte erreichen. Hast du mehr als zwei Kästchen angekreuzt, bekommst du keinen Punkt.

✗ *Der Leser soll unmittelbar in das erzählte Geschehen hineingezogen werden.*
✗ *Der Leser soll einen direkten Eindruck von den Figuren bekommen.*

▨ *Der Leser soll das erzählte Geschehen mit Distanz betrachten.*
▨ *Der Leser soll wissen, dass das erzählte Geschehen tatsächlich so passiert ist.*

Punktzahl Aufgabe 5 gesamt:

6 **Punkteverteilung für die Aufgabe 6:**
Für jedes richtige Kreuz erhältst du einen Punkt. Du kannst also insgesamt fünf Punkte erreichen.
Hast du bei einer Aussage ein falsches Kreuz gesetzt, bekommst du hierfür keinen Punkt.

	richtig	falsch
Der erste und zweite Abschnitt (▷ Z. 1–22) erzählen die Vorgeschichte für den Streit zwischen Currado und dem Koch Chichibio.	✗	▨
Nach dem Höhepunkt im fünften Abschnitt (▷ Z. 40–47) dient der sechste Abschnitt (▷ Z. 48–50) lediglich zum Spannungsabbau.	▨	✗
Der erste (▷ Z. 1–10) und der sechste Abschnitt (▷ Z. 48–50) bilden einen Rahmen.	▨	✗
Der zweite Abschnitt (▷ Z. 11–22) ist eine Ausschmückung und für den Handlungsverlauf verzichtbar.	▨	✗
Die Abschnitte drei, vier und fünf (▷ Z. 23–47) bilden den Kern der Geschichte.	✗	▨

Punktzahl Aufgabe 6 gesamt:

7 **Punkteverteilung für die Aufgabe 7:**
Für jede richtige Lösung erhältst du einen Punkt. Du kannst also insgesamt zwei Punkte erreichen.
Hast du eine falsche Textstelle angegeben oder keine Lösung gefunden, bekommst dafür keine Punkte.

1. Textstelle: (Z. 8–9): [...] Chichibio, der genau so ein Windhund war, wie er aussah, [...]
2. Textstelle: (Z. 25): Der Strolch aus Venedig [...]

Punktzahl Aufgabe 7 gesamt:

Seite 65

8 **Punkteverteilung für die Aufgabe 8:**
Für jedes richtige Kreuz erhältst du einen Punkt. Du kannst also insgesamt fünf Punkte erreichen.
Hast du in einem Abschnitt (Kästchen) ein falsches Kreuz oder mehr als ein Kreuz gesetzt, bekommst du für diesen Abschnitt keinen Punkt.

	richtig	falsch	Angaben in der Tabelle nicht enthalten
Kraniche sind Zugvögel, die nur in Europa, Asien und Nordafrika anzutreffen sind.	▨	▨	✗
Außer in Großbritannien und Irland können Kraniche in allen Staaten Europas beobachtet werden.	▨	✗	▨
Brut-, Rast- und Überwinterungsgebiete kann man klar voneinander unterscheiden.	▨	✗	▨
Den Alpenhauptkamm können Kraniche offensichtlich nicht überwinden.	✗	▨	▨
Das Erstaunliche an Kranichen ist, dass sie immer wieder dieselbe Flugroute in ihr festgelegtes Winterquartier finden.	▨	▨	✗

Punktzahl Aufgabe 8 gesamt:

29

Lösungsheft

Seite 66

2. Teil (Kompetenzbereich II): Aufgaben zur Ausdrucksfähigkeit

9 **Punkteverteilung für die Aufgabe 9:**
Für jede richtige Lösung (richtig verbesserter Ausdrucksfehler) bekommst du einen Punkt. Du kannst also insgesamt sieben Punkte erreichen. Hast du ein falsches Wort verbessert oder eine falsche Lösung angegeben, bekommst du dafür keinen Punkt.

Herbstzug der Kraniche
Alljährlich im Oktober und November können <u>Naturgefährten</u> an vielen Orten Deutschlands ein beeindruckendes Schauspiel <u>ergründen</u>. Kraniche ziehen auf unterschiedlichen Routen in ihre <u>Winterresidenz</u>. Eng beisammen, so wie ein V, fliegen sie wie auf einer Luftstraße nach Süden; man nennt diese <u>Weise</u> des Vogelzuges deshalb auch „Schmalfrontzug". Dabei orientieren sie sich an Bergen, Kirchtürmen und Binnenseen. Auf ihrer Flugstrecke kennen sie jeden Rast- und <u>Futtersitz</u>. Bei uns in Deutschland befinden sich die <u>riesigsten</u> Kranichsammelplätze an der Ostseeküste; hier <u>ruhen</u> bereits zu Anfang Oktober rund 40 000 der eleganten Vögel.

Lösungsmöglichkeiten *für <u>Naturgefährten</u>: Naturfreunde, Naturliebhaber*
Lösungsmöglichkeiten *für <u>ergründen</u>: erleben, erfahren, sehen, beobachten, wahrnehmen*
Lösungsmöglichkeiten *für <u>Winterresidenz</u>: Winterquartier(e), Winterplätze, Winterstandort(e)*
Lösungsmöglichkeiten *für <u>Weise</u>: Art (und Weise), Sorte*
Lösungsmöglichkeiten *für <u>Futtersitz</u>: Futterplatz, Futterstelle, Futterort*
Lösungsmöglichkeiten *für <u>riesigsten</u>: größten*
Lösungsmöglichkeiten *für <u>ruhen</u>: rasten, finden (...) sich ein; versammeln sich, findet man*

Punktzahl Aufgabe 9 gesamt:

10 **Punkteverteilung für die Aufgabe 10:**
Für jede richtige Lösung bekommst du einen Punkt. Du kannst also insgesamt neun Punkte erreichen. Hast du ein für ein Wort eine falsche Lösung angegeben, bekommst du dafür keinen Punkt.

Kraniche haben den Menschen schon immer <u>beeindruckt</u> und seine <u>Einbildungskraft</u> beflügelt. In China ist der Kranich ein <u>Sinnbild</u> für langes Leben. Man glaubte auch, dass die Seelen Verstorbener von Kranichen zum Himmel <u>transportiert</u> würden. Auch im alten Ägypten genossen Kraniche allergrößtes <u>Prestige</u> und wurden den Göttern geopfert, aber auch gerne verspeist. In Europa galten sie lange Zeit als <u>Wetterverkünder</u>, und dies nicht ganz grundlos, denn das Flug- und Rastverhalten ist ein <u>Indikator</u> für die Wetterverhältnisse und ermöglicht recht <u>exakte</u> <u>Prognosen</u> für das Wetter der folgenden Tage.

Lösungsmöglichkeiten *für <u>beeindruckt</u>: fasziniert*
Lösungsmöglichkeiten *für <u>Einbildungskraft</u>: Fantasie (Phantasie)*
Lösungsmöglichkeiten *für <u>Sinnbild</u>: Symbol*
Lösungsmöglichkeiten *für <u>transportiert</u>: gebracht, getragen*
Lösungsmöglichkeiten *für <u>Prestige</u>: Ansehen, Wertschätzung*
Lösungsmöglichkeiten *für <u>Wetterverkünder</u>: (Wetter-)Propheten*
Lösungsmöglichkeiten *für <u>Indikator</u>: Hinweis, Anzeiger, Anhaltspunkt*
Lösungsmöglichkeiten *für <u>exakte</u>: genaue, klare, eindeutige,*
Lösungsmöglichkeiten *für <u>Prognose</u>: Vorhersage, Voraussage*

Punktzahl Aufgabe 10 gesamt:

Seite 67

11 **Punkteverteilung für die Aufgabe 11:**
Für jede richtige Lösung bekommst du einen Punkt. Du kannst also insgesamt vier Punkte erreichen. Hast du bei einer Teilaufgabe (a, b, c oder d) ein falsches Kreuz oder mehr als ein Kreuz gesetzt, bekommst du für diese Teilaufgabe keinen Punkt.

a) *Es nutzt nichts, deswegen <u>die Flügel hängen zu lassen</u>.*
- *verbittert zu sein*   **X** *entmutigt zu sein*   *verzweifelt zu sein*   *erbost zu sein*

b) *Das ist ja <u>ein komischer Kauz</u>.*
- *ein lustiger Typ*   *eine verdächtige Person*   **X** *ein merkwürdiger Mensch*   *eine auffällige Erscheinung*

c) *Der redet so, wie ihm <u>der Schnabel gewachsen ist</u>.*
- **X** *Der redet ohne Hemmungen.*   *Der muss aufpassen, was er sagt.*
- *Der redet unverständlich.*   *Der redet Dialekt.*

d) *Dem haben sie <u>die Flügel gestutzt</u>.*
- *Dem wurde die Flugreise gestrichen.*   *Seine Mitarbeiter haben ihn beim Chef angeschwärzt.*
- *Der hat einen schweren Unfall erlitten.*   **X** *Er musste Kritik an sich und seinem Tatendrang hinnehmen.*

Punktzahl Aufgabe 11 gesamt:

Lösungsheft

12 *Punkteverteilung für die Aufgabe 12:*
Für jede richtige Lösung bekommst du einen Punkt. Du kannst also insgesamt drei Punkte erreichen. Hast du bei einer Teilaufgabe (a, b oder c) keine richtige Lösung gefunden, bekommst du dafür keinen Punkt.

a) *Die Kampagne zum Schutz der Kraniche wurde <u>rechzeitig</u> angekündigt.*
b) *Bei den Veranstaltungen wurde der Vortrag eines spanischen Biologen besonders <u>gelobt</u>.*
c) *Im nächsten Jahr sollen noch mehr Mittel für den Kranichschutz <u>zur Verfügung stehen</u>.*

a) **Lösungsmöglichkeiten** *für <u>rechtzeitig</u>: zu spät, verspätet, zu früh, verfrüht*
b) **Lösungsmöglichkeiten** *für <u>gelobt</u>: kritisiert, abgelehnt, bemängelt, beanstandet*
c) **Lösungsmöglichkeiten** *für <u>zur Verfügung stehen</u>: fehlen, gestrichen werden*

Punktzahl Aufgabe 12 gesamt:

Seite 68

3. Teil (Kompetenzbereich III): Aufgaben zur Rechtschreibung und Zeichensetzung

13 *Punkteverteilung für die Aufgabe 13:*
Für jede richtige Lösung (Unterstreichung und Korrektur des Wortes) bekommst du einen Punkt. Du kannst also insgesamt neun Punkte erreichen. Hast du einen Fehler übersehen oder Richtiges fälschlicherweise korrigiert, bekommst du dafür keinen Punkt.

Giovanni Boccaccios Vater war ein Kaufmann, der <u>gleichermassen</u> auf sein Geschäft wie auf sein Vergnügen bedacht war. In Paris versicherte er einer jungen Witwe, dass er ein Adliger sei, und verdrehte ihr den Kopf. Bei Giovanni Boccaccios Geburt 1313 floh der Vater aus der Stadt. Erst nach dem Tod der Mutter wurde Giovanni von seinem Vater nach Florenz geholt und <u>entgültig</u> als Sohn <u>anerkant</u>. Schon als <u>vierzehnjähriger</u> wurde er nach Neapel geschickt, um den Beruf des Kaufmanns zu erlernen. Die Jahre in Neapel hatten einen großen <u>Einfluß</u> auf die Entwicklung Giovanni Boccaccios. Anstatt sich mit dem Studium der Handelstätigkeit zu beschäftigen, wie es der Vater gewollt hatte, widmete er sich der Literatur. Er verliebte sich in ein verheiratetes Mädchen, für das er <u>vielleicht</u> seine schönsten Gedichte verfasste. Erst 1340 konnte Boccaccio nach Florenz <u>zurück kehren</u> und trat dort in den Staatsdienst ein. Gleichzeitig setzte er seine Arbeit als <u>Schriftsteler</u> fort, die ihm großen Ruhm einbrachte. <u>Zulezt</u>, vor seinen Tod 1375, ging es dem inzwischen bekannten Dichter gesundheitlich, aber auch <u>matteriell</u> so schlecht, dass sein Dichterfreund Petrarca ihm sogar 50 Gulden für einen Wintermantel vermachte.

Fehlerverbesserungen: *gleicherma**ß**en (langer Vokal → scharfes ß), ent**g**ültig (Wortbestandteil „Ende"), anerkan**n**t (kurzer Vokal → Doppelkonsonant), **V**ierzehnjähriger (Nomen → Großschreibung), Einflu**ss** (kurzer Vokal → ss), viel**l**eicht; zurück**k**ehren (Wortbausteine „zurück" + „kehren"), Schriftstel**l**er (kurzer Vokal → Doppelkonsonant), Zule**t**zt; materiell (einfaches t)*

Punktzahl Aufgabe 13 gesamt:

Seite 69

14 *Punkteverteilung für die Aufgabe 14:*
Für jede richtige Lösung bekommst du einen Punkt. Du kannst also insgesamt acht Punkte erreichen. Hast du Falsches eingesetzt, bekommst du dafür keinen Punkt.

*Boccaccio Hauptwerk, da**s** in Florenz entstand, trägt den Titel „Dekameron". Den Namen „Dekameron" konstru**ie**rte Boccaccio aus den griechischen Wörtern „deka" (zehn) und „hemera" (Tag). Der Titel des Buches hat eine Verbindung zum Inhalt: Sieben adlige Frauen und drei Herren begeben sich mit ihrer Dienerschaft auf ein Landgut, weil in der Sta**dt** Florenz eine verh**ee**rende Pestepidemie wütet. Dort erzä**h**lt jeder von ihnen täglich eine intere**ss**ante Geschichte, um die anderen zu unterhalten – zehn Tage lang.*
*Nach zehn Tagen und zehn mal zehn Geschichten bricht die Gruppe wieder **R**ichtung Florenz auf.*

Punktzahl Aufgabe 14 gesamt:

15 *Punkteverteilung für die Aufgabe 15:*
Für jedes richtig gesetzte Koma bekommst du einen Punkt. Du kannst also insgesamt sechs Punkte erreichen. Für ein falsch gesetztes Komma gibt es keinen Punkt. Hast du mehr als sechs Kommas gesetzt, bekommst du null Punkte.

Die folgenden Zitate stammen aus dem „Dekameron", dem Hauptwerk von Giovanni Boccaccio:
*Wir sehen jedoch täglich**,** dass dasjenige**,** was uns am meisten Vergnügen macht**,** wenn wir es in gar zu großem Übermaße genießen**,** uns oft am ersten Überdruss verursacht.*
*Wer tugendhaft lebt und handelt**,** der legt seinen Adel an den Tag.*

Punktzahl Aufgabe 15 gesamt:

31

Lösungsheft

Seite 70

4. Teil (Kompetenzbereich IV): Aufgaben zur Grammatik

16 *Punkteverteilung für die Aufgabe 16:*
Für jeden richtig umgewandelten Nebensatz bekommst du einen Punkt und für jede richtige Nebensatzbestimmung einen weiteren Punkt. Du kannst also insgesamt acht Punkte bekommen.
Hast du einen Nebensatz nicht richtig umgewandelt, erhältst du für diese Teilaufgabe (a, b, c oder d) keinen Punkt.

a) *Wegen der Kälte und der Nahrungsmittelknappheit im Norden machen sich die Kraniche im Herbst auf den Weg in den Süden.*
☐ *Weil es im Norden kalt wird und die Nahrungsmittel knapp werden, machen sich die Kraniche im Herbst auf den Weg in den Süden.*
→ *Kausalsatz*

b) *Durch Fußringe mit Funksendern können die Wissenschaftler die Flugroute der Kraniche genauer verfolgen.*
Lösungsmöglichkeiten:
☐ *Durch Fußringe, die/welche mit Funksendern versehen sind, können die Wissenschaftler die Flugroute der Kraniche genauer verfolgen.*
☐ *Durch Fußringe, die/welche Funksender haben/besitzen, können die Wissenschaftler die Flugroute der Kraniche genauer verfolgen.*
☐ *Durch Fußringe, an denen Funksender angebracht/befestigt sind, können die Wissenschaftler die Flugroute der Kraniche genauer verfolgen.*
→ *Relativsatz*

c) *Viele Forscher befürchten eine Zerstörung der Rast- und Überwinterungsplätze.*
☐ *Viele Forscher befürchten, dass die Rast- und Überwinterungsplätze zerstört werden.*
→ *Objektsatz*

d) *Durch die intensive Arbeit vieler Naturschutzvereine hat sich die Anzahl der Kraniche in den letzten Jahren ständig erhöht.*
Lösungsmöglichkeit:
☐ *Weil die Naturschutzvereine intensive Arbeit betreiben/betrieben haben, hat sich die Anzahl der Kraniche in den letzten Jahren ständig erhöht.*
→ *Kausalsatz*

Punktzahl Aufgabe 16 gesamt:

Seite 71

17 *Punkteverteilung für die Aufgabe 17:*
Für jede richtig gelöste Teilaufgabe (a, b und c) bekommst du zwei Punkte. Du kannst also insgesamt sechs Punkte bekommen. Hast du bei einer Teilaufgabe (a, b oder c) eine falsche Lösung, bekommst du hierfür keinen Punkt.

a) „*In den letzten Jahren übt Nordostfrankreich eine immer größere Anziehungskraft auf die Kraniche aus.*"
Lösung: *In den letzten Jahren übe Nordostfrankreich eine immer größere Anziehungskraft auf die Kraniche aus.*

b) „*Obwohl dieses Gebiet in einer relativ kühlen Klimazone liegt, gibt es dort, in der Nähe von St. Dizier, im Winter immer mehr Kraniche.*"
Lösung: *Obwohl dieses Gebiet in einer relativ kühlen Klimazone liege, gebe es dort, in der Nähe von St. Dizier, im Winter immer mehr Kraniche.*

c) „*Unser Ziel ist es, diesen Ort nun dauerhaft für die Kraniche zu schützen.*"
Lösung: *(Er sagte), dass es ihr Ziel sei, diesen Ort nun dauerhaft für die Kraniche zu schützen.*
(Er sagte), es sei ihr Ziel, diesen Ort nun dauerhaft für die Kraniche zu schützen.

Punktzahl Aufgabe 17 gesamt:

18 *Punkteverteilung für die Aufgabe 18:*
Für jede richtig gelöste Teilaufgabe (a und b) bekommst du zwei Punkte. Du kannst also insgesamt vier Punkte bekommen. Hast du eine Teilaufgabe falsch oder nicht gelöst, bekommst du hierfür keine Punkte.

a) *In den letzten Jahren störten Spaziergänger, Hundebesitzer mit ihren kläffenden Vierbeinern und Jogger immer wieder die ruhebedürftigen Kraniche in ihren Rastgebieten.*
Lösung: *In den letzten Jahren wurden die ruhebedürftigen Kraniche in ihren Rastgebieten immer wieder von Spaziergänger, Hundebesitzern mit ihren kläffenden Vierbeinern und Joggern gestört.*

b) *Kraniche sollen aber von den Menschen in Zukunft mit mehr Verständnis behandelt werden, damit die für den langen Flug notwendigen Ruhepausen von den Tieren auch genutzt werden können.*
Lösung: *Die Menschen sollen in Zukunft die Kraniche mit mehr Verständnis behandeln, damit die Tiere die für den langen Flug notwendigen Ruhepausen auch nutzen können.*

Punktzahl Aufgabe 18 gesamt:

32

Lösungsheft

Auswertung deiner Testergebnisse

Nachdem du deinen Deutschtest mit Hilfe des Lösungsteils (▷ S. 28–32) korrigiert und bei jeder Aufgabe deine Punktzahl ermittelt hast, kannst du mit Hilfe der folgenden Auswertungstabelle feststellen, in welchen Bereichen du gut bist und was du noch üben musst.
Fülle die folgenden Tabellen aus und notiere,

☐ *wie viele Punkt du bei jeder Aufgabe erreicht hast und*
☐ *wie viele Punkte du in jedem Bereich erzielt hast (Gesamtpunktzahl für die Kompetenzbereiche).*

Kompetenzbereich I: Textzusammenfassung und Textverständnis (▷ *Arbeitsheft S. 61–65, Lösungsteil S. 28 f.*)

Aufgabe	Kompetenzbereich I: Textzusammenfassung und Textverständnis	Höchstpunktzahl	deine Punktzahl
1	wesentliche Textinhalte erfassen	6	
2	Aussagen anhand des Textes überprüfen	4	
3	Textinhalte im Textzusammenhang erfassen	5	
4	Textinhalte im Textzusammenhang erfassen	2	
5	sprachliche Gestaltungsmittel in Texten erklären	2	
6	den inhaltlichen Aufbau (Struktur) eines Textes erfassen	5	
7	sprachliche Gestaltungsmittel in Texten erklären	2	
8	Informationen aus einer Karte entnehmen	5	
Gesamtpunktzahl *für den Kompetenzbereich I: Textzusammenfassung und Textverständnis*		**31**	

Du solltest von den 31 Punkten mindestens 15 erreicht haben.
Wenn du weniger als 17 Punkte in dem Kompetenzbereich I hast, solltest du verstärkt Texte lesen und inhaltlich auswerten. Gehe folgendermaßen vor:
Lies die Texte genau und kläre alle Begriffe, die du nicht verstehst. Fasse bei jedem Text die wesentlichen Informationen zusammen. Die W-Fragen
(Wer ...?, Was ...?, Wo...?, Wann ...? etc.) können dir dabei helfen.
Bitte auch deine Deutschlehrerin oder deinen Deutschlehrer, dir entsprechende Übungen zu geben.

Kompetenzbereich II: Ausdrucksfähigkeit (▷ *Arbeitsheft S. 66–67, Lösungsteil S. 30 f.*)

Aufgabe	Kompetenzbereich II: Ausdrucksfähigkeit	Höchstpunktzahl	deine Punktzahl
9	Ausdrucksfehler erkennen und verbessern	7	
10	Synonyme (Wörter mit gleicher Bedeutung) finden	9	
11	Redewendungen (bildliche Ausdrücke) verstehen	4	
12	Antonyme (Wortpaare mit gegensätzlicher Bedeutung) finden	3	
Gesamtpunktzahl *für den Kompetenzbereich II: Ausdrucksfähigkeit*		**23**	

Du solltest von den 23 Punkten mindestens 12 erreicht haben.
Wenn du weniger als 12 Punkte in dem Kompetenzbereich II hast, solltest du deine Deutschlehrerin oder deinen Deutschlehrer bitten, dir entsprechende Übungen zu geben.

Kompetenzbereich III: Rechtschreibung und Zeichensetzung (▷ *Arbeitsheft S. 68–69, Lösungsteil S. 31*)

Aufgabe	Kompetenzbereich III: Rechtschreibung und Zeichensetzung	Höchstpunktzahl	deine Punktzahl
13	Rechtschreibfehler erkennen und verbessern	9	
14	Rechtschreibregeln anwenden	8	
15	Kommaregeln anwenden	6	
Gesamtpunktzahl *für den Kompetenzbereich III: Rechtschreibung und Zeichensetzung*		**23**	

Du solltest von den 23 Punkten mindestens 12 Punkte erreicht haben.
Schau dir genau an, bei welcher Aufgabe du wenig Punkte erreicht hast. Diese Bereiche (z. B. Groß- und Kleinschreibung, allgemeine Rechtschreibregeln, wie Schreibung der s-Laute, Dehnung, Schärfung etc., Kommasetzung) solltest du noch einmal üben. Wiederhole auch die entsprechenden Regeln zur Rechtschreibung und zur Zeichensetzung aus deinem Schulbuch.
Bitte auch deine Deutschlehrerin oder deinen Deutschlehrer, dir entsprechende Übungen zu geben.

33

Lösungsheft

Kompetenzbereich IV: Grammatik (▷ *Arbeitsheft S. 70–71, Lösungsteil S. 32*)

Aufgabe	Kompetenzbereich IV: Grammatik	Höchstpunktzahl	deine Punktzahl
16	Satzglieder in Nebensätze umwandeln	8	
17	Umformen von direkter Rede in die indirekte Rede	6	
24	Umformen von Aktivsätzen in Passivsätze und von Passivsätzen in Aktivsätze	4	
Gesamtpunktzahl für den Kompetenzbereich IV: Grammatik		**18**	

Du solltest von den 18 Punkten mindestens 10 erreicht haben.
Schau dir genau an, bei welcher Aufgabe du wenig Punkte erreicht hast. Diese Bereiche (z. B. Satzglieder und Nebensätze, direkte Rede und indirekte Rede, Aktiv und Passiv) solltest du noch einmal üben. Wiederhole auch die entsprechenden Grammatikeinheiten und -regeln aus deinem Schulbuch. Bitte auch deine Deutschlehrerin oder deinen Deutschlehrer, dir entsprechende Übungen zu geben.

Gesamtpunktzahl und Bewertung deiner Leistung:

	Höchstpunktzahl	deine Punktzahl
Gesamtpunktzahl für den Kompetenzbereich I: Textzusammenfassung und Textverständnis	31	
Gesamtpunktzahl für den Kompetenzbereich II: Ausdrucksfähigkeit	23	
Gesamtpunktzahl für den Kompetenzbereich III: Rechtschreibung und Zeichensetzung	23	
Gesamtpunktzahl für den Kompetenzbereich IV: Grammatik	18	
Summe insgesamt	**95**	

Bewertung deiner Leistung:

95–82 Punkte: eine sehr gute Leistung
81–68 Punkte: eine gute Leistung
67–57 Punkte: eine befriedigende Leistung
56–50 Punkte: eine ausreichende Leistung
49–35 Punkte: Du musst üben.
34–0 Punkte: Du musst deutlich üben.

Schau dir genau an, in welchem Bereich oder bei welchen Aufgaben du besonders wenig Punkte erzielt hast. Übe diese Bereiche noch einmal, z. B. mit Hilfe des Schulbuchs oder mit dem Arbeitsheft.
Du kannst auch deine Deutschlehrerin oder deinen Deutschlehrer bitten, dir entsprechende Übungen zu geben.
Unter der Internetadresse www.isb.bayern.de (hier klickst du auf „Gymnasium", dann auf „Vergleichsarbeiten/Prüfungen", dann auf „Jahrgangsstufenarbeiten" und danach auf „Deutsch") findest du alte Tests, die bisher in der 8. Klasse geschrieben wurden. Nutze diese Tests, um noch einmal einen ganzen Deutschtest zu lösen, oder bearbeite Einzelaufgaben aus den Bereichen, in denen du dich noch verbessern musst.

Kommaregeln im Überblick

Satzreihe

Eine **Satzreihe** besteht aus **aneinandergereihten Hauptsätzen.** Sie werden durch **Komma** voneinander getrennt,
z. B.: „Er war ein gütiger Herrscher, das Volk liebte ihn."
Hauptsätze werden oft durch nebenordnende Konjunktionen verbunden,
z. B.: „Arthur war noch sehr jung, aber er war ein guter König."
Das **Komma kann entfallen,** wenn die Hauptsätze durch Konjunktionen wie „und", „oder", „entweder ... oder" oder „weder ... noch" verbunden sind,
z. B.: „Das Volk liebte ihn und während seiner Regierungszeit herrschte Frieden."

Satzgefüge

Satzgefüge sind Sätze, die aus mindestens einem **Hauptsatz und einem Nebensatz** zusammengesetzt sind. Der Nebensatz ist dem Hauptsatz untergeordnet und wird durch **Komma** vom Hauptsatz getrennt. Nebensätze werden oft mit unterordnenden Konjunktionen wie „dass", „weil", „wenn", „als", „bevor" eingeleitet,
z. B.: „Als Igraine ihren Sohn gebar, erschien Merlin am Hof."

Infinitivsätze

Ein Infinitivsatz, der aus einem Infinitiv mit zu und mindestens einem weiteren Wort besteht, muss häufig durch Kommas abgetrennt werden, und zwar immer dann,
- ☐ wenn der Infinitivsatz durch ein *um, ohne, statt, anstatt, außer, als* eingeleitet wird, z. B.:
  „Ich möchte das Buch lesen, *um* mehr über Haie zu erfahren."
- ☐ wenn der Infinitivsatz von einem Nomen abhängt, z. B.:
  „Wir hatten *den Plan, uns gründlich über Haie zu informieren.*"
- ☐ wenn durch ein hinweisendes Wort wie *daran, darauf, dazu* oder *es* auf den Infinitivsatz Bezug genommen wird, z. B.:
  „Wir hatten uns *darauf* gefreut, den Film über Haie anzusehen."

In allen anderen Fällen ist das Komma freigestellt. **Es empfiehlt sich, die Kommas immer zu setzen,** weil sie die Gliederung des Satzes verdeutlichen und niemals falsch sind.

Partizipialsätze

Ein Partizipialsatz muss normalerweise nicht durch ein Komma vom übergeordneten Satz getrennt werden. Ein Komma kann gesetzt werden, wenn der Partizipialsatz als Zusatz gekennzeichnet werden soll. **Ein Komma muss stehen,**
- ☐ wenn durch ein **hinweisendes Wort** auf den Partizipialsatz Bezug genommen wird, z. B. mit „so".
  Beispiel: „Um Worte ringend, *so* stellte sich Arthur der Lady vor."
- ☐ wenn der Partizipialsatz als **Einschub** die gewöhnliche Satzstellung unterbricht.
  Beispiel: „Der König, *vor Freude lächelnd,* lief auf sie zu."
- ☐ wenn der Partizipialsatz einen **Nachtrag** darstellt.
  Beispiel: „Er verweilte im Garten, *nach ihren Blicken heischend.*"

Aufzählungen

Aufzählungen können aus Wörtern oder aus Wortgruppen bestehen. Sie werden durch ein **Komma** getrennt.
Beispiel: „Sie wollte um sechs Uhr nach Hause kommen, Aufgaben machen, dann schwimmen gehen."
Wenn die Wörter oder Wortgruppen in Aufzählungen durch nebenordnende Konjunktionen wie „und", „oder", „entweder ... oder", „sowohl ... als auch" oder „weder ... noch" verbunden sind, entfällt das Komma.
Beispiel: „Wir fahren bei sonnigem *oder* trübem Wetter los."

Wörtliche Rede

Die wörtliche Rede steht in **Anführungszeichen.** Der Redebegleitsatz kann der wörtlichen Rede vorangestellt, nachgestellt oder in die wörtliche Rede eingeschoben sein.

Nach einem **vorangestellten Redebegleitsatz** weist ein **Doppelpunkt** auf die folgende wörtliche Rede hin.
Beispiel: *Sie sagte:* „Ich besuche dich bald."

Der **nachgestellte Redebegleitsatz** wird durch **ein Komma** von der wörtlichen Rede abgetrennt.
Beispiel: „Halt! Stehen bleiben!", *riefen die Polizisten.*

Der **eingeschobene Redebegleitsatz** wird durch **zwei Kommas** von der wörtlichen Rede abgetrennt.
Beispiel: „Ich suche das Buch", *sagte sie,* „weißt du, wo es sein könnte?"

35

Kommaregeln im Überblick

Das Komma bei Zusätzen und Nachträgen

Zusätze oder Nachträge grenzt man mit Komma ab; sind sie eingeschoben, so schließt man sie in Kommas ein.
Durch Kommas abgetrennt werden:
- **Appositionen** sind im Kern nachgestellte Nomen und stehen im gleichen Kasus wie ihr Bezugswort, z. B.:
  „Wen Jiabo, *der Regierungschef,* lebt in Peking."
- **Nachgestellte Erläuterungen** werden oft mit Wörtern wie „nämlich", „das heißt", „und zwar", „vor allem", „besonders", „insbesondere", „genauer", „zum Beispiel", „beispielsweise", „also" eingeleitet, z. B.:
  „In China leben weltweit die meisten Menschen, *nämlich 1,3 Millionen.*"
- **Nachgestellte Partizipien, Partizip- oder Adjektivgruppen** und entsprechende Wortgruppen, z. B.:
  „Der Glaubensausübung, *buddhistisch, taoistisch, islamisch, christlich oder konfuzianisch,* sind in China noch immer strenge Grenzen gesetzt."
- **Parenthesen** sind Einfügungen in einen Satz, die auch alleine stehen könnten und damit vom Gesamtsatz unabhängig sind, z. B.:
  „Eines Tages, *es war mitten im Sommer,* hagelte es."

Das Komma bei Anreden und Ausrufen

Anreden, Ausrufe oder Ausdrücke einer Stellungnahme, die besonders hervorgehoben werden sollen, grenzt man mit Komma ab; sind sie eingeschoben, so schließt man sie in Kommas ein. Durch Kommas abgetrennt werden:
- **Anreden,**
  z. B.: „Leute, hört doch mal zu." „Für heute sende ich dir, lieber Christoph, die herzlichsten Grüße."
- **Ausrufe oder Ausdrücke einer Stellungnahme,**
  z. B.: „Oh, ganz schön viel los hier!" „Tatsächlich, das ist es!" „Leider, das hat er gesagt."

Das Komma bei mehrteiligen Orts-, Zeit- und Literaturangaben

Mehrteilige Orts-, Zeit- und Literaturangaben gliedert man durch Kommas.
Das abschließende Komma kann entfallen, z. B.:
„Das Vorbereitungstreffen findet am Mittwoch, dem 25. Juli, um 14 Uhr(,) in der Bibliothek statt."
„Der Artikel ist im „Spiegel", Heft 48, 2005, S. 25(,) erschienen."